나는 호흡기내과 전문의 진성림입니다

"숨이 차고, 가슴 아픈 당신의 희망을 꿈꾸며"

나는 호흡기내과 전문의 진성림입니다
숨이 차고, 가슴 아픈 당신의 희망을 꿈꾸며

초판 1쇄 발행 2024년 8월 26일
초판 2쇄 발행 2024년 8월 27일
초판 3쇄 발행 2024년 8월 28일
초판 4쇄 발행 2024년 9월 10일
초판 5쇄 발행 2024년 9월 14일
초판 6쇄 발행 2024년 9월 24일
초판 7쇄 발행 2024년 10월 28일
초판 8쇄 발행 2024년 11월 1일
초판 9쇄 발행 2025년 1월 10일
초판 10쇄 발행 2025년 1월 31일
초판 11쇄 발행 2025년 7월 20일

지은이 진성림
펴낸이 장길수
펴낸곳 지식과감성#
출판등록 제2012-000081호

교정 및 편집 지식과감성#
마케팅 김윤길

주소 서울시 금천구 벚꽃로298 대륭포스트타워6차 1212호
전화 070-4651-3730~4
팩스 070-4325-7006
이메일 ksbookup@naver.com
홈페이지 www.knsbookup.com

ISBN 979-11-392-2063-6(03810)
값 18,000원

- 이 책의 판권은 지은이에게 있습니다.
- 이 책 내용의 전부 또는 일부를 재사용하려면 반드시 지은이의 서면 동의를 받아야 합니다.
- 잘못된 책은 구입하신 곳에서 바꾸어 드립니다.

지식과감성#
홈페이지 바로가기

나는 호흡기내과 전문의 진성림입니다

"숨이 차고, 가슴 아픈 당신의 희망을 꿈꾸며"

고운숨결내과 원장 **진성림** 지음

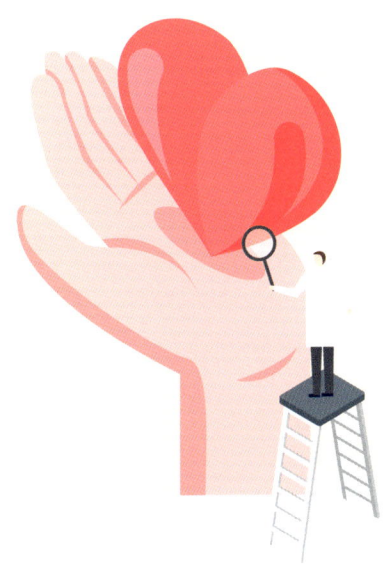

숨이 차고 가슴이 아픈 환자들의 이야기

대한민국의 필수의료 보건保健 정책이 올바른 방향으로 발전되기를 간절히 바라며 호흡기내과 전문의의 이야기를 시작한다.

〚 추천사 〛

의학 저널리즘의 가장 큰 사각지대가 호흡기질환이다.
한 번의 수술과 약물로 낫지 않는 난치병들이 많기 때문이다.
그러다 보니 근거 없는 치료들이 비방인 양 상업적으로 과대 포장되어 환자들을 울리는 경우가 많다.
호흡기내과 전문의 진성림 선생님이 돋보이는 이유다.
그가 시작한 고운숨결내과는 지역사회에서 각종 호흡기질환의 최신치료를 받을 수 있는 최초의 전문병원이다.
단언컨대 유명 대학병원을 찾을 필요가 없는 실력과 장비를 갖춘 곳이다.
환자 교육에도 열심이다.
'의학채널 비온뒤'를 통한 그의 방송은 구독자들에게 가장 큰 인기를 끌고 있기도 하다.
환자를 생각하는 진정성이 느껴지기 때문이다.
마침 책으로도 나온다니 더욱 반갑다.
아무쪼록 그의 경륜과 지식을 담은 이 책이 숨이 차 고생하는 많은 환자들에게 큰 도움이 되길 빈다.

대한민국 최초 의학 유튜브 채널 "비온뒤" 창립자
홍혜걸 의학박사

〚 프롤로그 〛

인간의 탄생은 첫 호흡呼吸과 동시에 시작된다. 신생아의 첫 울음소리는 자신이 세상에 나왔다는 존재存在를 알리는 역동적力動的이고 감동적感動的인 순간瞬間이다.

한 사람의 삶이 시작되어 그 인생人生을 마감하는 마지막 순간, 인간은 최후最後의 "마지막 호흡"을 내뱉으며 생을 마친다. 호흡呼吸은 우리가 태어나는 그 순간부터 죽는 마지막 순간까지 함께 하는 것이다.

나는 '호흡기내과呼吸器內科' 전문의이다.

호흡기내과 전문의는 누구인가? 호흡기내과 전문의는 요즈음 온 나라를 떠들썩하게 만드는 "필수의료" 중의 가장 중추적中樞的인 역할役割을 담당하는 전문가이다.

호흡기내과 전문의 고운숨결내과
진성림 원장

인간이 이 세상을 살아가면서 경험經驗하게 되는 각종 호흡기질환의 원인을 정확하게 찾아서 병의 원인을 진단하고 그 원인에 따른 적절한 치료를 한다. 사람의 생명과 직결될 수 있는 호흡기를 전문적으로 다루다 보니 의료의 '필수' 과다.

호흡기내과가 사람들에게 널리 알려진 계기는 코로나 19 바이러스의 팬데믹pandemic: 세계적으로 대유행하는 전염성 질환때문이다. 2019년 12월에 시작된 코로나 19 바이러스는 2020년 우리나라와 전 세계의 심각한 보건학적인 위기뿐 아니라 국가의 재정과 개인의 경제적 삶에도 큰 타격을 준 일대 사건이다.

의사와 간호사들이 방호복을 입고 코로나 19 바이러스에 감염된 환자를 치료하는 모습을 보면서 눈에도 보이지 않는 작은 바이러스가 우리의 삶을 얼마나 위협하는지를 직접 두 눈으로 확인하였다.

그 무시무시한 코로나 19 바이러스가 호흡기를 통해 감염되고 감염된 사람의 비말飛沫: 감염자가 재채기할 때 나오는 분비물 형태를 통해서 주위로 전염시킬 수 있다는 사실을 알면서 호흡기내과라는 의료의 한 특수적인 전문과가 있다는 것을 알게 된 것이다.

호흡기내과는 내과의 다양한 다른 분야보다 중환자重患者를 더 많이 만나게 되고, 촌각寸刻을 다투는 응급환자를 자주 치료하게 되며 매우 세심하게 환자를 돌봐야 함과 동시에 호흡기내과 의사 자신도 결핵이나, 폐렴, 독감, 코로나 19 바이러스 감염에 노출된다. 간단히 말해서 하는 일 자체가 고되고 어렵고 위험해서 스트레스를 매우 심하게 받는다.

요즘같이 워라밸Work Life Balance 줄임말: 일과 삶의 균형을 중요하게 생각하는 시대에 굳이 어렵고 힘들고 위험하고 보상이 적은 호흡기내과 전문의를 선택하고자 하는 의사가 갈수록 줄어들고 있는 사실은 이상한 현상이 아니다. 사람의 본능적인 측면을 생각할 때 당연한 귀결歸結이 아닌가?

사람의 호흡을 치료하는 호흡기내과 의사는 환자와의 이별을 자주 겪는 의사이다. 이별의 본질이 무엇인가? 너무나 사랑한 사람과의 이별은 우리를 힘들게 한다. 그냥 힘든 것이 아니라 매우 힘들다. 인간관계에서의 헤어짐이 힘든 이유는 이별은 곧 상실이기 때문이다.

설렘과 편안함의 감정은 사람을 안정시키고 자신이 중요한 존재임을 일깨워 준다. 사람마다 개인 차이가 있을 수 있으나 사랑하는 사람과의 이별은 인생을 살면서 자주 겪지는 않는다. 호흡기내과 의사는 환자와 이별을 자주 경험한다.

다시 말하면 상실감을 자주 느낄 수밖에 없는 직업이다. 상실감은 곧 공허감과 허전함, 외로움의 표상이다. 30년을 의사로 살아온 내가 감정의 '소용돌이'에서 자유로울 수 없는 까닭이다. 시간이 갈수록 중증 호흡기질환자를 만나면서 새로운 신념이 생겼다. 하나만 더 생각하고 잘해 보자는 생각이다.

벼가 익을수록 고개를 숙이듯, 어렵고 힘든 환자를 진단하고 치료할 때

늘 결심하고 명심한다. 아무리 어려운 환자도 하나만 더 생각하고 잘해 보자는 겸손함을 간직한 채 오늘의 하루를 견딜 때, 그러한 하루가 쌓여 나의 삶이 되고 환자의 행복이 될 수 있다.

매우 이례적인 경우를 제외하면 인간의 본성은 쉽고 안전하며 보상補償이 충분하게 되는 일을 좋아하지 않을까? 여기서 보상의 의미는 반드시 경제적經濟的인 보상만을 말하는 것이 아니다. 경제적인 보상이 부족하더라도 다른 부분의 보상이 충분하다면 사람들은 자신의 행동과 선택에 만족한다.

이 책은 필수의료必須醫療의 붕괴崩壞를 이야기하고자 하는 것이 아니다. 필수必須라는 말의 뜻은 '마땅히 있어야 하거나 하여야 함'을 뜻한다. 필수의료는 꼭 존재하거나 해야 할 의료이다. 사실 필수의료가 사회적 문제가 된다는 것 자체가 어불성설語不成說이다.

내가 이 책을 통해서 독자들에게 말하고자 하는 주제는 "숨이 차고 가슴이 아픈 환자"들의 이야기를 하고자 함이다.

다양하고 심각한 호흡기질환을 앓고 있는 환자들의 표현하기 힘든 고통苦痛과 그 가족의 아픔을 통해서 "세상살이"의 애환哀歡을 생각해 보고 이 시대를 살아가고 있는 우리가 그들의 아픔을 이해하여 호흡기환자呼吸器患者들에게 어떠한 도움을 줄 수 있는가를 고민해 보자는 것이다.

이백만 번 이상 호흡기환자들을 만나고 치료를 통해서 환자들의 아픔을 가슴속 깊은 곳에서부터 온몸으로 느껴 온 30년 차 의사의 작은 외침을 통해 왜곡되고 뒤틀린 대한민국의 필수의료 보건保健정책이 올바른 방향으로 발전되기를 간절히 바라며 호흡기내과 전문의의 이야기를 시작한다.

"오늘의 이 순간瞬間이 바로 당신當身의 날이기를 바라며"

2024년 3월 16일 의료대란醫療大亂을 바라보면서.

호흡기내과 전문의
고운숨결내과 원장 **진성림**

고운숨결내과의 자랑스러운 동료들과 함께

〖 목차 〗

추천사 • 5
프롤로그 • 7

제1장
01 자포자기(自暴自棄) 질환(疾患)의 비밀(祕密) • 16
02 심폐 소생술은 필수의료 의사의 숙명이다 • 33
03 왜 하필 안암동이에요? • 44
04 너의 삶을 즐길 수 있는가? • 54
05 '찰나(刹那)'의 순간에 결정되는 운명 • 62
06 마음을 울리는 한마디 • 73

제2장
01 상상할 수 없는 호흡곤란의 고통 • 82
02 치명적 폐렴과 노인 폐렴의 특징 • 93
03 서울대 병원을 가는 것이 최선일까? • 99
04 지성이면 감천(感天)이다 • 108
05 환자의 말 속에 진단명이 숨어 있다 • 116

제3장
01 친절(親切)한 의사를 조심하라 • 126
02 가난한 환자를 도와주면 범죄가 되는 우리나라 • 133
03 안목(眼目)의 중요성에 대하여 • 143
04 우이독경(牛耳讀經)의 진수(眞髓)! • 152
05 예후(豫後: prognosis)의 역설(逆說) • 163
06 심사평가원의 진료 적정성 평가의 허와 실에 대하여 • 172

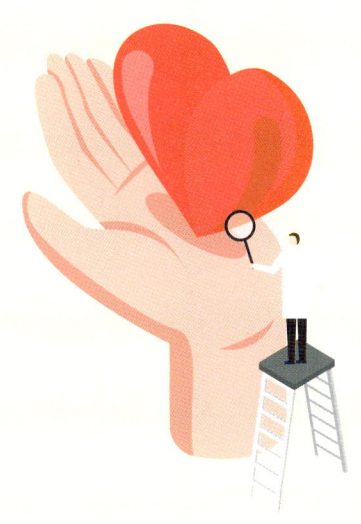

제4장	01	어이아이(於異阿異) • 182
	02	기차당우차방(旣借堂又借房) • 190
	03	불청객(不請客) • 196
	04	의약품 안전운영서비스(DUR) • 204
	05	증상(症狀)의 실체(實體)와 허상(虛像) • 215

제5장	01	감정의 쓰레기통 • 226
	02	기억의 편린(片鱗) • 233
	03	남한산성(南漢山城) • 241
	04	출구전략(出口戰略) • 248
	05	남원북철(南轅北轍) • 256
	06	삶과 죽음에 대한 관점(觀點) • 264

제6장 책을 마무리하며 환자에게 하고픈 마지막 이야기
명의는 한 가지를 더 생각하는 의사이다 • 272

에필로그 • 281

제1장

자포자기(自暴自棄) 질환(疾患)의 비밀(祕密)

심폐 소생술은 필수의료 의사의 숙명이다

왜 하필 안암동이에요?

너의 삶을 즐길 수 있는가?

'찰나(刹那)'의 순간에 결정되는 운명

마음을 울리는 한마디

01
자포자기(自暴自棄) 질환(疾患)의 비밀(祕密)

나의 삶 동안 강산이 다섯 번 변했다. 곧 강산이 여섯 번 변할 세월을 맞이할 것이다. 살아온 날이 살아갈 시간보다 많다는 것은 그만큼 인생人生의 풍파風波를 겪었다는 걸 짐작할 수 있는 세월이지 않을까?

이 책은 의사로서 나의 경험經驗과 생生을 표현한 것이다. 멀게는 의과대학 시절의 이야기부터 가깝게는 2024년 현재의 경험까지 다양한 이야기가 쓰인 책이다.

30년 반평생半平生 시간 동안 환자를 진료한 의사로서 가장 안타까운 것은 환자의 자포자기自暴自棄다. 환자의 자포자기는 환자가 스스로 자신을 포기한 것이 아니다. 의사가 자포자기의 심정으로 그렇게 살아야 한다고 가르쳤기 때문이다.

의사는 환자를 치료하는 사람이다. 그런데 왜 의사가 환자에게 더 치료해 줄 것이 없다는 선언을 하여 환자는 자신의 병을 포기할까?

의학의 발전은 눈부셨다. 도대체 어떤 질환이길래 의사는 환자에게 포기해야 한다고 말하는 것인가? 최근에는 4기 폐암 환자도 포기하지 않고 치료한다.

말기폐암이라는 용어 자체를 사용하지 않는 이유는 말기의 뜻은 치료해도 어쩔 수 없다는 패배의식敗北意識이 자리하고 있기 때문이다.

23년 전 개원했을 때 기관지 천식 환자를 진단하면 환자들이 불치의 병이라고 치료받기를 포기했었다. 그러한 잘못된 인식은 환자 스스로가 갖게 된 것이 아니다. 의사가 기관지 천식에 대하여 알지 못했기 때문에 환자에게 기관지 천식은 '불치不治'병이라고 말한 것이다.

기관지 천식의 병에 대한 이해가 완전히 밝혀지기 시작한 것은 1990년 초반이다. 1980년까지는 기관지 천식의 발병發病 이유는 기관지 평활근육의 수축 현상으로만 알았다. 병의 원인이 기관지 수축이라고 알았으니 병의 치료는 좁아진 기관지를 열어 주는 약이 치료제였다.

의학은 과학의 발달과 함께 발전한다. 자연과학이 발전하면서 병의 원리를 밝히는 병리학도 발전했다. 병리病理란 병의 원인을 정확히 밝히는 것이다.

치료의 발전은 그냥 저절로 이루어지지 않는다. 깨어 있는 의사의 선도적인 시도가 반복되고 그러한 시도의 결과가 축적蓄積되어 의료의 치료가 변하고 발전하는 것이다.

기관지 천식은 기관지가 좁아지는 현상이 있는 것이다. 기관지 천식은 외부 알레르기의 노출이나 먼지, 오염, 바이러스, 박테리아 등의 기도 내 침입이 병을 더 나빠지게 한다. 어찌 보면 당연한 결론 아닌가?

기관지 내부가 염증이 심해지고 좁아지고 그로 인해 환자는 숨이 차고 기침을 하며 쌕쌕거리는 휘파람 소리의 천명음이 들린다.

인류의 삶에는 늘 선각자先覺者가 있다. 선각자는 일반대중一般大衆보다 먼저 깨닫는 사람이라는 뜻이다. 선각자는 그 당시에는 주위의 비웃음을 사고 배척받는다.

기존의 관습이나 원리, 치료를 완전히 뒤바꿔 버리는 새로운 원리를 제시하고 치료의 변화를 주장한다. 안락함과 익숙함에 젖어 있는 의료의 세계에 도전한 것이다. 누가 봐도 무모한 도전이었다. 그 당시 의사들은 아마 이런 도전을 시도한 선도적 의사들에게 엄청난 비난을 퍼부었을 것이다.

그도 그럴 것이 기관지 천식 치료는 환자를 절대 안정시키고 기관지 평활근을 풀어 주는 속효성 기관지 확장 경구용 약제와 속효성 기관지 확장제인 '벤토린Ventolin'이라는 흡입기가 치료 약제로 인식되었던 시절이다.

선도적先導的인 의사들은 기관지 천식일 때 기관지의 평활근이 왜 수축이 될까 하는 의문을 품었다. 의사는 질환에 대하여 끊임없는 의구심을 갖는 태도가 중요하다. 선도적 그룹의 의사들은 드디어 결정했다.

무엇을 결정했을까?

의사는 기관지 천식 환자에게 '기관지 내시경' 검사를 할 것을 결정했다.

독자들은 무슨 말인지 잘 모른다. 쉽게 예를 들어 표현해 보겠다. 기관지 천식의 기관지 내부 점막의 상태는 '불'이 난 상황이다. '불'이 난 상황에서 기관지 내시경 검사로 천식 환자의 불난 기관지 점막에서 조직을 떼겠다는 상황이다.

불이 나면 주위 점막의 상태는 난리가 나 있을 것이다. 난리가 난 천식 환자의 기관지 점막을 일부 채취하겠다는 생각은 오늘의 내가 생각해도 너무 위험하고 기이奇異한 생각이다. 그러나 선도적인 의사들은 그 일을 해냈다.

그 사건 이후, 기관지 천식의 정의가 바뀌게 된다. 긴 세월 기관지 천식은 기관지의 수축을 원인으로 알았다. 하지만 기관지 수축의 원인이 기관지 점막의 '만성적慢性的인 염증炎症'으로 과학적科學的으로 실증實證 되었다.

이제 기관지 천식의 근본적 원인根本的 原因을 알았다. 원인을 알았으니 원인을 치료하면 된다. 근본적 원인은 기관지의 만성적 염증이다. 따라서 치료의 변화가 일어났다.

기존의 치료는 수축된 기관지를 확장해 주는 약이었다. 근본적 원인이 만성적 염증인데 항염증 효과가 전혀 없는 확장제로만 치료했으니 기관지 천식은 호전되지 않았고 좋아지지 않으니 의사는 환자에게 '불치병'이라고 말하는 것이 편했다.

불치병의 진단을 받은 환자는 어떤 마음이 들겠는가?

치료를 포기하는 환자도 있을 것이고 다방면으로 끝까지 치료하겠다고 동분서주東奔西走하는 환자도 있을 것이다. 중요한 것은 의사가 불치병이라고 선고하는 순간 의사는 환자의 불평을 안 들어도 된다. 불치병不治病이라고 선언한 의사는 자유를 얻고 그 말을 듣는 환자는 삶의 고난과 마음의 고통뿐 아니라 천식의 치료를 포기하여 심각한 합병증과 소중한 삶을 잃을 수 있다.

2024년 현재 대한민국의 어떤 의사도 기관지 천식을 '불치병'이라고 말하는 의사는 없다. 환자도 마찬가지다. 기관지 천식은 염증을 치료해 주면 조절되는 병으로 염증 조절을 위해서 스테로이드 약이 필수이다. 경구용 스테로이드 약은 천식이 매우 위중한 상태이거나 스테로이드 의존성 천식일 때 사용한다.

그러나 먹는 약인 경구용 스테로이드 약은 뒤따라오는 부작용副作用이 많다. 따라서 전신 부작용이 매우 적은 흡입용 스테로이드제가 기관지 천식의 가장 핵심적核心的인 치료제이다.

흡입용 스테로이드제와 흡입용 기관지 확장제의 '혜성彗星'과 같은 등장으로 기관지 천식은 불치병이 아니라 조절 가능한 병으로 바뀌었다.

다양한 호흡기질환 중에서 자포자기自暴自棄의 오명汚名을 벗은 것은 기관지 천식이다. 40년의 세월이 흐른 후, 기관지 천식은 조절된다고 인정된 것이다. 독자들이 잘 알아야 하는 뜻이 숨어 있다.

기관지 천식은 완치完治된다는 말을 하지 않았다. 완치가 아니라 조절이다. 고혈압과 당뇨병도 똑같다. 고혈압은 혈압약을 먹으면서 혈압을 조절한다. 혈압약을 한 달 정도 먹었다고 혈압이 완치되어 혈압약을 끊는다는 뜻이 아니다.

완치完治의 개념概念은 재발再發을 안 하고, 약을 안 먹어도 병이 재발하지 않을 때 완치라는 말을 쓸 수 있다.

예를 들어 충수염이 발생하여 충수를 외과적外科的으로 절제한 환자는 완치이다. 충수라는 해부학적인 장기가 제거되어 다시는 충수염이 발생하지 않는다.

이런 개념이 완치完治이다. 기관지 천식은 재발再發한다. 알레르기에 노출되거나 바이러스에 노출, 차가운 공기에 노출되면 재발한다. 따라서 완치가 아니다. 조절調節이다. 조절을 잘하면 약도 줄일 수 있고 약도 중단해 볼 수 있다. 불치병의 오명을 천식만큼이나 오래 받았으나 아직도 여전히 불치병으로 남아 있는 호흡기질환도 있다. 그 질환은 기관지 확장증氣管支擴張症이다.

아직도 진료현장에서 의사들이 기관지 확장증은 해 줄 것이 없고 그냥 그렇게 살아야 한다고 말한다. 그렇게 말하는 의사들은 하나같이 기관지 확장증을 진단하고 치료하고 고민해 본 적이 없는 의사다.

심지어 대학병원大學病院의 호흡기내과呼吸器內科에서도 이런 말을 환자에게 아무렇지도 않게 한다. 대학병원 호흡기내과에서조차 기관지 확장증 환자에게 이와 같은 설명을 하는 것은 환자의 치료의지治療意志를 산산조각 내는 것이고 희망을 없애는 것이다. 그야말로 환자는 자포자기自暴自棄다.

기관지 확장증은 도대체 어떤 병인가? 왜 지금도 불치병이라는 오해를 받고 있으며 환자에게 치료를 포기하게 하고 의사도 치료를 피하는 것일까?

기관지 확장증이란 기관지 벽의 근육의 이상과 탄력의 저하로 기관지가 영구적으로 늘어나 버린 상태를 말한다.

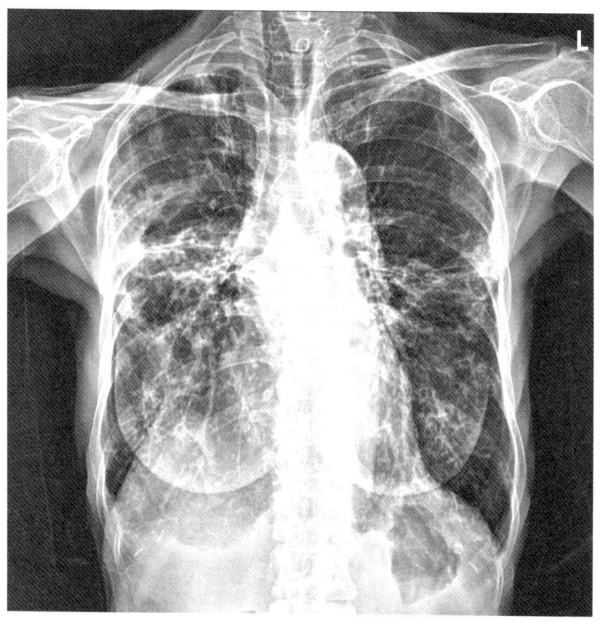

기관지 확장증 환자의 단순 흉부 사진: 양측 폐에 하얗게 보이는 소견

기관지 확장증의 대표적인 증상은 매우 심한 가래다. 가래도 그냥 평범한 가래가 아니라 색깔이 노랗고 끈적거리고 심한 경우 기관지 안을 막아 버릴 정도로 심해서 호흡곤란이 생기기도 한다.

기관지 확장증 환자들에게 가장 큰 공포를 유발하는 증상은 가래에 피가 나오는 객혈이다. 특히 대량객혈은 즉시 응급치료를 받지 못하게 되면 사망할 수도 있는 무서운 증상이다.

이러한 대표적인 임상 증상 이외에도 흉부 압박감, 흉부 통증, 전신 쇠약감 등이 나타날 수 있다. 기관지 확장증을 적절한 시기에 치료를 제대로 못 받게 될 때, 합병증이 나타날 수 있는데 흔한 합병증으로 폐에 염증이 발생하는 폐렴과 기관지 폐렴, 폐를 둘러싸고 있는 흉막에 고름이 차는 농흉, 흉막이 찢어지는 기흉, 뇌에 고름 주머니가 차는 뇌농양도 생길 수 있으며 폐결핵의 발병이 흔하다.

특히 결핵의 다른 종류라고 말할 수 있는 비결핵성 항산균이라고 하는 비정형 결핵의 감염에 매우 취약하다. 모든 병에는 원인이 있다. 현대 의학에서 모든 질환의 원인을 다 밝히지 못한 상태이나 기관지 확장증의 원인은 대부분 어릴 때 백일해나 홍역, 호흡기 바이러스, 세균 감염, 결핵균 감염의 후유증으로 발생한다.

기관지 확장증의 근본 원인은 감염이며 기관지 확장증의 주요한 치료는 항생제 치료이다.
다시 말하면 기관지 확장증 치료의 두 가지 대원칙은 첫 번째가 기도의 청결과 가래 치료이며 두 번째 중요한 치료원칙은 적절한 항생제 치료이다.

항생제 치료에 대한 오해가 많고 항생제의 종류도 다양해서 항생제 치료 시 전문적인 치료를 해야 한다. 보통의 항생제 치료는 의사의 경험에서 선택하는 경험적 항생제 치료가 있으나 기관지 확장증이나 폐렴의 치료를 할 때 정확하고 신속한 치료를 위해서는 원인균을 찾아서 그 세균이 어떤 항생제에 잘 반응하는지 항생제 내성 검사를 확인해서 항생제 치료를 해야 한다.

이러한 표준적인 2가지 대표적인 치료 이외에 평소에 기관지 확장증을 잘 조절하기 위해서 활동성 호흡방법Active cycle of breathing technique인 호흡 조절법과 흉곽 확장 운동법, 강제호기 호흡법, 호흡기 물리치료 등의 치료가 있다.

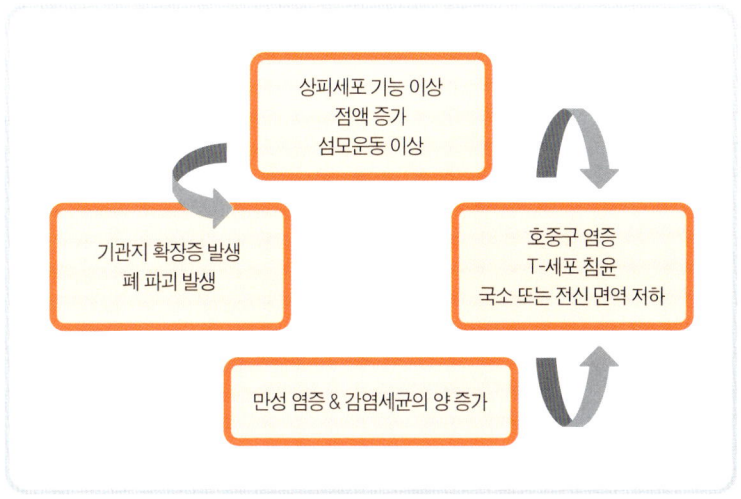

기관지 확장증의 발생 병인론(pathogenesis)

이러한 호흡법은 기관지 확장증의 치료에만 도움이 되는 것이 아니다. 만성폐쇄성폐질환인 COPD Chronic Obstructive Pulmonary Disease 의 관리에도 도움이 된다.

기관지 확장증은 평소에도 기관지 벽에 붙어 있는 가래가 많아서 손바닥을 오므린 상태로 흉부 아래 부위를 두드려 주는 타진 요법으로도 가래를 뱉을 수 있다. 최근에는 흉벽을 두드려 주는 '흉벽 진동기'를 통해서 도움을 받을 수 있다.

대부분의 기관지 확장증은 지금 소개한 방법으로 조절이 되지만 중증 기관지 확장증의 환자는 표준적인 치료만으로 치료가 안 되는 경우가 있다.

'중증 기관지 확장증'은 가래가 기관지 벽에 붙어 있는 정도가 아니라 매우 끈적이고 그 양이 많아서 기관지 안을 완전히 막아 버린 상태이다. 이 경우, 마치 저수지의 물이 썩어서 고여 있는 상태를 상상해 보면 된다.

기관지 안의 가래가 기관지를 거의 막아 버린 이물질의 고착이라고 생각을 해야 한다. 기관지 안에 이물질이 막고 있는 상태에서 아무리 항생제 주사나 먹는 항생제를 복용해도 고름과 같은 가래는 해결이 안 된다.

팔이나 다리에 고름 덩어리가 생겨서 시간도 오래 지난 상태로 봐야 한다. 의학적으로 내과적인 치료로 해결되는 상태가 아니라 외과적으로 절제해야 그 환자를 살릴 수 있는 것이다.

해결되지 않는 세균의 집락이 종양처럼 덩어리를 형성하고 있는 경우에 절제하지 않으면 세균이 혈액 내로 침투하여 몸 전체가 세균의 공격으로 생명을 잃을 수도 있는 패혈증에 걸릴 수도 있는 것이다.

중증 기관지 확장증의 치료를 위해서는 기관지 내시경 시술을 해서 기관지 안을 고름같이 막고 있는, 이물질과 같은 가래를 제거해 주어야 한다.

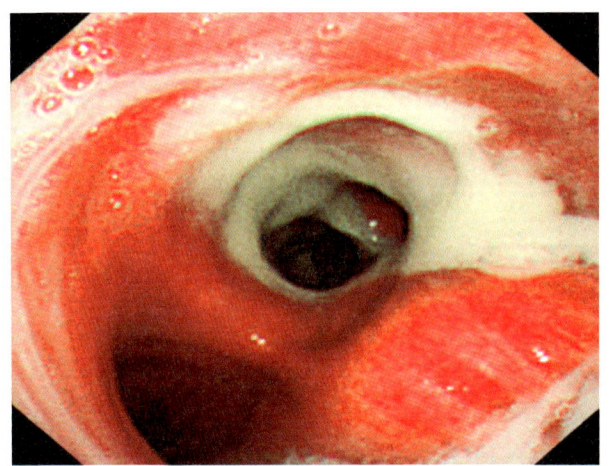

기관지 확장증 환자의 기관지 모습: 가래가 고름처럼 차 있다.

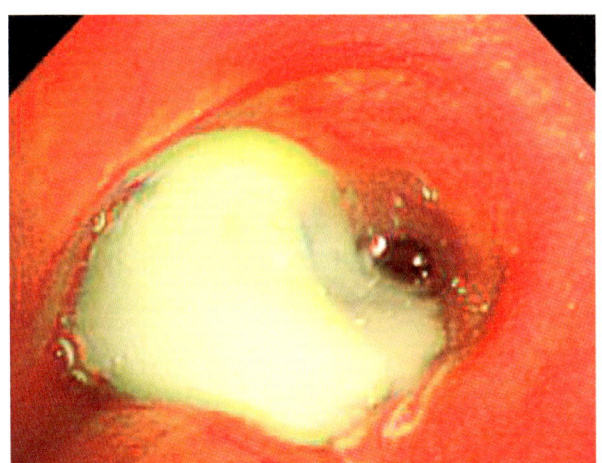

기관지 확장증 : 화농성 가래가 기도 전체를 완전히 막고 있다.

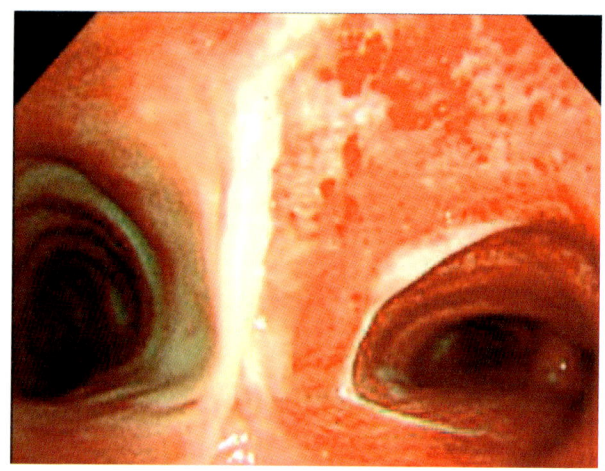

기관지 내시경 검사 시술을 통해 막힌 기도의 가래를 제거

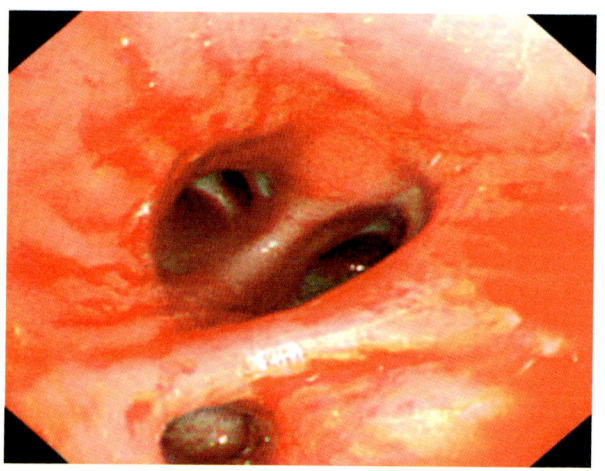

기관지 내시경 검사를 통해 가래를 제거한 후의 모습

심한 가래 덩어리를 제거한다고 치료가 끝난 것이 아니다. 치료의 시작이다.

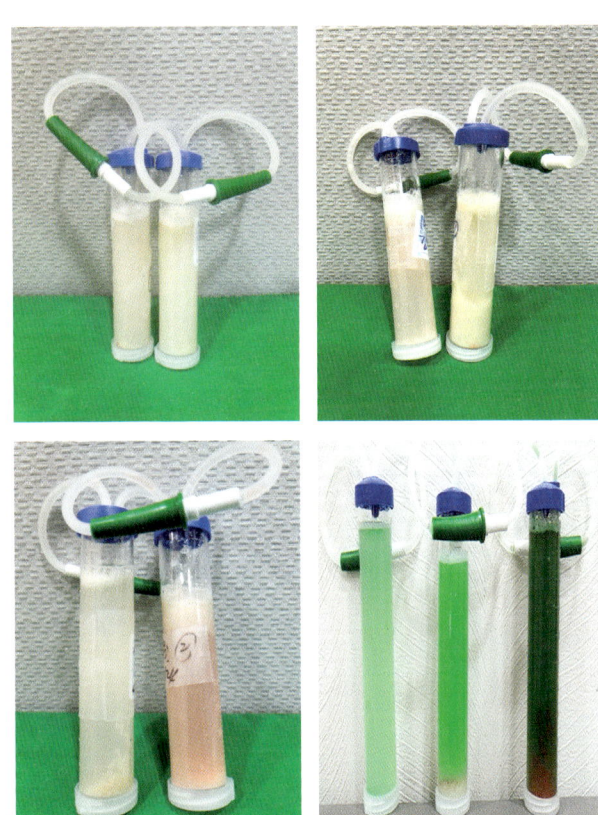

기관지 내시경 검사를 통해 기관지 청소와 가래검사
연노란색/회색/진노란색/붉은색/연두색/초록색 가래

첫 단추를 잘 끼워야 일이 해결되는 경우는 비단 의료의 경우에서만 일어나는 일이 아니다. 삶을 살아가면서 경험하는 다양한 일들은 첫 단추를 잘 끼워야 일이 잘 풀리는 경우가 많다.

그러나 인간사의 다양한 일들이 첫 시작이 좋았다고 끝까지 일이 잘된다는 보장은 없다. 오히려 첫 시작은 실패였으나 부단한 노력으로 처음의 고난을 딛고 나중에는 크게 성공하는 사람들의 이야기도 많이 있다.

우리가 스포츠 경기를 볼 때 처음에는 상대 팀에게 지다가 결국은 승리하게 될 때 더 열광하며 "명승부"였다고 환호한다.

인간의 본질은 강한 자보다 약한 자를 응원하고 그러한 바람이 실제로 일어날 때 기쁨을 느낀다. 이러한 현상은 이 시대를 살아가는 우리의 자화상自畵像이 고단하기 때문일 것이다.

우리의 세상살이가 피곤疲困하고 고단孤單하므로 우리는 "희망希望"을 기대하고 "예측豫測을 벗어난 결과結果"를 갈망渴望하는 것이 아니던가?

많은 드라마 속에서도 이러한 장면은 자주 노출된다. 죽어 가는 환자를 극적으로 살리는 모습과 치료 불가능한 경우의 상황에서도 영웅英雄과 같은 의사가 그 모든 불리한 상황을 무릅쓰고 환자가 죽기 일보 직전에 기적奇蹟처럼 살리는 장면을 자주 본다.

이러한 설정은 시청자들에게 극적인 자극을 주기 위해서 설정된 상황이다. 진정한 명의名醫는 그 질환이 나빠지는 상황에서 기적奇蹟을 기대해서는 안 된다.

프로와 아마추어의 차이가 무엇인가? 아마추어는 주어진 상황에서 한

가지 대처방안만 갖고 있다. 프로는 주어진 상황에서 미리 다양한 대처방안을 갖고 있다.

더 훌륭한 의사는 그 환자의 상태를 정확히 파악하고 기적을 기대하지 않으며 치료 후 그 환자의 삶의 질과 다시 겪게 될 상황을 예견하고 질환을 이해할 수 있도록 도와줄 수 있는 의사이다.

기관지 확장증은 해 줄 것이 없는 불치병이 아니라는 사실을 아는 것이 중요하다.

기관지 확장증은 그냥 그렇게 살면서 죽을 날을 기다려야 하는 질환이 아니다. 고혈압 환자나 당뇨병 환자에게 그 어떤 의사가 불치병이라고 설명하는가? 그 어떤 환자가 자포자기 自暴自棄 하는가?

기관지 확장증은 만성 기도 질환이다. 만성은 평생 치료를 해야 한다는 뜻이다. 고혈압, 당뇨, 만성폐쇄성폐질환 모두 관리와 치료가 필요한 만성 질환인 것이다.

다시 한번 강조하지만 기관지 확장증은 치료하지 않으면 진행하는 병이다. 따라서 반드시 치료를 받아야 한다. 최고의 의학저널인 뉴잉글랜드 저널 NEJM: New England Journal of Medicine 에서 기관지 확장증을 치료해야 하는 7가지 이유에 대해서 2022년 11월 발표를 했다.

의사와 환자 모두가 명심해야 할 이유이다. 기관지 확장증은 자포자기自暴自棄할 질환이 아니다. 고군분투孤軍奮鬪해야 할 질환이며, 임전무퇴臨戰無退의 정신으로 극복克服할 수 있는 질환이다.

기관지 확장증을 치료해야 하는 7가지 이유
- NEJM 2022.11.

1) 기관지 파괴와 폐 파괴
2) 생명의 단축
3) 삶의 질 저하
4) 감염의 위험
5) 경제적 위험의 부담
6) 가족이나 지인에게 부담
7) 국가적 인적 경제적 손실

02
심폐 소생술은
필수의료 의사의 숙명이다

2024년 3월 9일 오전 8시 30분.

그날도 나는 평소처럼 진료를 보고 있었다. 아니 정확히 말하면, 폐암이 의심되는 환자에게 기관지 내시경 검사를 통한 조직검사를 하고 있었다.

폐에 종양이 있다고 해서 모든 종양이 악성 암은 아니다. 그러나 이 환자의 흉부 CT의 영상학적 소견은 악성 암에 가까웠다. 폐암은 한 가지 종류가 아니다. 폐암은 크게 암의 세포가 작게 생긴 모양인 소세포폐암small cell carcinoma과 그렇지 않은 비소세포폐암non-small cell carcinoma으로 분류한다.

폐암의 분류가 매우 중요한 이유는 치료 방침이 완전히 다르고 예후가 크게 다르기 때문이다. 소세포폐암은 수술적 치료가 안 되고 항암 치료를 하며 표적 유전자 치료제가 없다. 그에 비해서 비소세포폐암은 4기가 아닌 경우 수술적 치료가 가능하고 특히 선암의 경우에는 유전자 발현의 종류에 따라서 열 가지 이상의 표적 항암치료제가 있다.

따라서 기관지 내시경 검사를 통한 폐암의 조직검사를 할 때 시술자인 호흡기내과 전문의는 가능한 한 많은 양의 조직표본을 채취해서 병리과 전문의에게 보낸다. 그래야 병리과 선생님이 세심하고 안전하게 폐암의 정확한 정체를 밝히고 환자에게 최적의 치료 방법을 결정할 수 있도록 도움을 준다.

기관지 내시경 검사실은 언제나 최고의 경계상태를 유지하는, 완전무장한 군인이 경계근무를 하는 최전방과 같은 팽팽한 긴장감이 흐른다. 검사가 마무리될 시간에 검사실로 직원이 뛰어 들어왔다.

그 직원의 외침을 듣기 전부터 내 머리카락이 삐죽 선다. 등 부위에 식은땀이 흐르고 심장박동이 빨라지고 온몸의 신경이 곤두선다.

응급환자가 왔음을 직감적으로 알기 때문이다. 기관지 내시경 검사실을 박차고 대기실로 향해 뛰어갔다. 대기실에는 아주 많은 환자가 진료를 기다리고 있었다. 한 환자가 휠체어에 앉아서 숨을 헐떡이고 있었다. 응급환자를 많이 봐 온 나는 환자의 겉모습만 봐도 이 환자에게 즉시 심폐 소생술을 해야 한다는 것을 본능적으로 알았다. 바로 대기실 바닥에 눕히면서 산소포화도를 측정하고 혈압을 측정한다.

환자의 의식 상태를 확인하면서 119 심정지 콜센터에 "심정지 응급 발생" 신고를 했다. 보통 119 구급대원이 도착하기까지는 3-4분 걸린다.

우리나라의 119 출동 시스템은 매우 신속한 편이라 4분 정도의 시간밖에 안 걸리지만 그 4분의 시간은 심정지 환자에게는 사느냐 죽느냐가 결정되는 운명의 시간이다.

심정지 발견 후 처음 4분 이내에 환자에게 반드시 처치해야 할 시술이 있다. 바로 'CBA'라고 불리는 처치법이다.

첫 번째, C_{Circulation: 혈액순환}는 심장 부위 압박을 통해 심장의 혈액을 뇌로 보내 주어야 한다. 심폐소생술에서 심장 압박은 가장 중요하고 즉시 정확하게 해야 한다.

두 번째, B_{Breathing}는 환자의 호흡을 확인하는 것이다. 심장 압박 시술을 시행하면서 환자의 호흡을 살핀다. 환자의 호흡이 없는 상태라면 구강 대 구강 인공호흡을 해서 환자의 폐 안으로 공기를 불어 넣어 준다.

전문의사의 경우 구강 내 기도삽관을 한 후 더 많은 양의 신선한 공기를 환자의 폐 안으로 넣어 생존율을 높일 수 있다.

세 번째, A_{Airway management}는 구강 안의 혀나 분비물이 기도를 막지 않도록 기도유지를 하는 것이다.

이러한 일련의 시술은 거의 동시다발적으로 이루어진다. 아무리 유능한 의사라도 심정지 환자를 봤을 때 가장 중요한 것은 즉시 119에 신고하는 것이고 신고할 때 정확하게 "심정지 환자 발생"과 위치를 알리는 것이 필수다.

심폐소생술의 처치법은 내가 의과대학 다녔던 과거와는 변화가 있다. 과거에는 'CBA' 순서가 아니라 'ABC' 순서가 강조되었다.

의사로서 심정지 환자를 만나는 것은 가장 긴장되는 순간이다. 그 장소가 병원 안이든 병원 밖이든 중요하지 않다.

의사는 심정지 환자를 만나는 순간, 자동적인 반사 행동이 나와야 한다. 응급 심폐소생술을 시작하면서 심정지 환자의 산소포화도는 0%에서 70%까지 올라갔고, 무수축 상태의 심장은 맥박이 잡히기 시작했다. 119 구급대가 도착하기 전까지 사력을 다해서 환자를 살리려고 노력했고 그 광경을 대기실에서 환자들이 지켜보았다. 119 구급대가 도착하고 환자는 다행히 살아서 대학병원 응급실로 갔다.

심폐소생술 환자를 마주하는 일은 필수의료를 평생의 업으로 삼고 살아가는 의사에게는 피할 수 없는 숙명이다.

의사의 직업은 아픈 환자의 원인을 찾고 진단하여 정확한 치료를 하는 것이다. 심정지의 원인도 크게 2가지의 원인이 있다.

정확한 원인에 따라서 심폐소생술을 해야 한다. 무수축의 심정지인지 심실세동의 심장마비인지를 먼저 알아야 한다.

전문적인 심폐소생술을 위해서는 즉시 제세동기를 준비하고 심장 리듬을 확인해야 한다. 심장이 완전히 정지된 상태인지 심장이 마비된 상태인지를 감별해야 한다. 심장이 완전히 정지된 상태는 무수축이고 심장이 마비된 것은 심장이 매우 빠르게 불규칙적으로 떨리는 상태이다. 제세동기를 통해 환자의 심장 리듬을 확인 후 심실세동으로 확인된 경우에는 150줄 제세동을 실시하며 심폐 소생술을 시행하고 '에피네프린' 주사제 투여를 하고 다시 심장의 리듬을 확인한다.

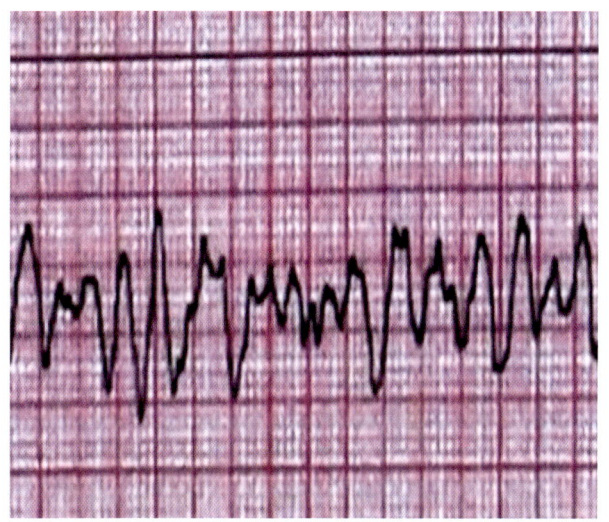

심실세동 상태의 심전도: 즉시 제세동기를 사용한다.

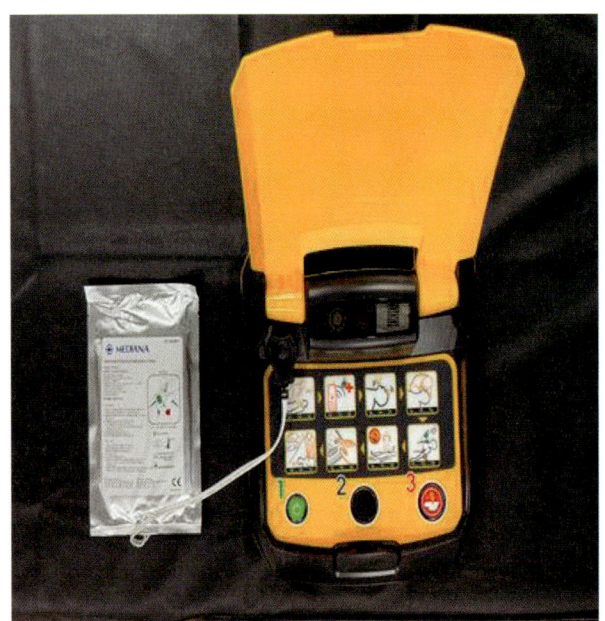

고운숨결내과에 비치된 제세동기 사진

심장의 리듬이 돌아오지 않고 무수축일 경우에는 기관 내 삽관을 한다. 기관 내 삽관은 호흡기내과 전문의나 응급의학과 전문의가 시행해야 성공할 확률이 높은 시술이다.

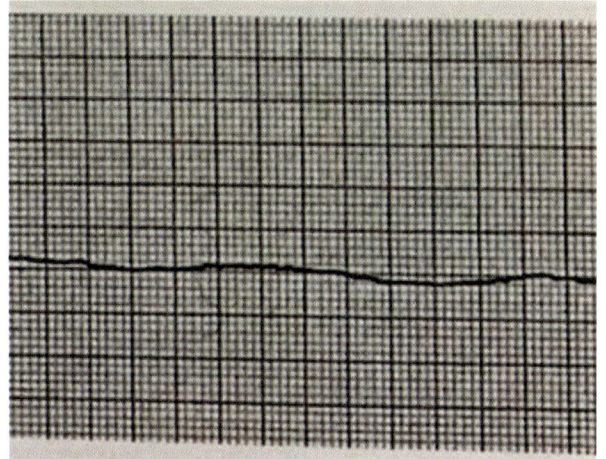

심장의 박동이 없는 무수축 상태, 기관 내 삽관이 필요하다.

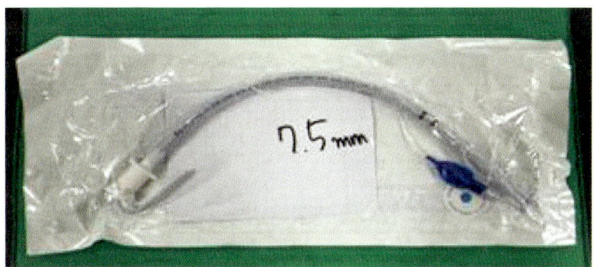

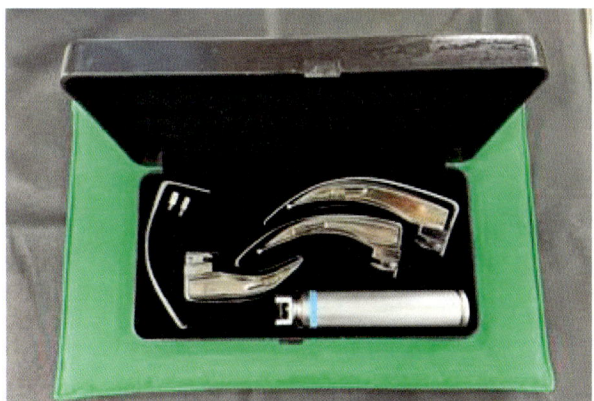

고운숨결내과에 준비되어 있는 기도 내 삽관 기구

최근 의대 입학 정원 2천 명을 증원한다는 발표 후 전공의 선생님들의 사직으로 시작된 의료대란의 사태에서 보건복지부가 내놓은 대책 중 간호사의 업무 중에 기관 내 삽관intubation을 할 수 있다고 발표한 내용은 실제 응급상황에서 심폐 소생술을 시행해 온 나로서는 정말 실소를 금할 수 없는 탁상공론이다.

아니 이것은 탁상공론의 문제가 아니라 수많은 응급 심정지 환자나 호흡기 응급환자를 죽게 만드는 실로 황당한 지침이다.

기도삽관은 그냥 쉽게 되는 간단한 시술이 아니다. 따라서 숙련된 의사나 응급 구조사 중에서도 1급 응급 구조사가 시행해야 하는 시술이다.

비단 의료계의 문제만 아니라 어느 분야에서도 현장을 직접 경험하고 현장을 잘 아는 전문가의 의견을 들어야 한다. 더구나 한 나라의 현재와 미래의 국민 삶에 지대한 영향을 끼칠 수 있는 정책을 수립할 때에는 즉흥적으로나 당리당략을 위해서 정책을 결정해서는 안 된다. 의료 분야는 매우 특화된 분야이기 때문에 전문가의 의견수렴의 과정이 필수적이다.

심정지 환자가 가장 많이 발견되는 곳은 어디일까? 병원일까? 길 위일까?
아니다. 심정지 환자가 가장 많이 발견되는 곳은 바로 집이다.

사랑하는 가족이 가장 먼저 심정지 환자를 발견할 확률이 높다. 따라서 심정지 환자의 심폐 소생술은 모든 성인이 할 수 있는 국민 행동 요령이 되어야 한다.

우리가 어떠한 일을 오랫동안 반복적으로 지속하고 그 일을 뛰어나게 잘하는 경우 그 사람을 "장인"이나 "명인"이라고 표현한다. 의학계에서는 "명의"라고 말하기도 한다.

내성이라는 현상이 있다. 내성의 사전적 의미는 크게 3가지로 나누어 예를 들 수 있다.

첫 번째, 내성의 의미는 어떠한 약물의 반복적인 복용에 의해 약효가 저하되는 현상을 말하고 대표적인 약물 내성은 항생제 오남용에 대한 내성을 말할 수 있다.

두 번째, 세균 같은 병원체가 화학 요법치료나 항생물질의 계속적인 사용에 대해서 나타나는 저항성을 말한다.

세 번째, 환경 조건의 변화에 견딜 수 있는 생물의 성질을 말한다. 출처: 네이버 국어사전

호흡기내과 전문의인 내가 경험하는 숱한 응급상황들도 일반적인 상황을 빗대면 내성이 생겨야 한다. 하지만 필수의료를 담당하는 의사에게 내성은 없다.

응급환자를 치료할 때는 말 그대로 나의 모든 교감신경이 폭발하고 감정은 흥분되며 오만가지 생각이 스친다. 시술하는 방법은 교육받고 훈련받은 대로 기계적으로 시행한다.

그러나 의사도 인간이다. 응급환자를 만나서 치료하는 과정은 심적으로 매우 부담되고 육체적으로 힘들다. 내성이 생기지 않는 특수한 경우다. 나는 이제 30년 차 의사이고 23년 동안 호흡기내과 전문의로서 살아왔다. 지금도 기관지 내시경 검사를 할 때는 초긴장 상태이며 중환자를 진료하고 치료할 때에는 나의 뼈가 녹는 것 같은 심한 스트레스를 받는다.

필수의료가 죽어 가고 있고 의사들이 필수의료를 외면하고 피부과나 안과 성형외과로 몰리는 현상은 의사들이 편하게 돈을 벌겠다는 속물 근성이 있어서가 아니다.

인간의 자연적인 욕구에 따라 전문의 과를 결정하는 것이고 이러한 기형적인 의료 구조를 만들어 낸 것은 의사가 아니라 정부이다.

그러한 정부가 필수의료를 개혁해야 한다며 내놓고 일방적으로 밀어 붙이고 있는 작금의 의료대란 사태는 그동안 대한민국 보건의료 행정체계가 힘들게 이룩한 세계 최고의 의료시스템을 완전히 붕괴시켜 버리는 재앙으로 악화될 것이다.

대한민국의 세계 최고 의료시스템은 대형병원들이 전공의들의 노동력을 착취해서 이루어진 것이다. 나도 전공의 때 주당 140시간 이상을 일했다. 전공의들이 5년의 그 긴 시간을 버틸 수 있던 것은 미래의 희망 때문이다.

전공의들은 미래의 꿈을 한순간의 탁상공론으로 빼앗겼기 때문에 사직한 것이다. 우리나라의 의료를 정상으로 돌리기 위해서는 전공의들에게 '미래의 꿈'을 되돌려주어야 한다.

이 글의 시작은 현재 한창 진행 중인 의료마비 사태의 중대한 기로인 시점에 시작되었다. 부디 책이 출간되는 시점에는 우리나라의 선진화된 의료시스템이 살아 있고 정부가 필수의료 인력 부족의 근본 원인을 정확히 인지하여 국민에게 더욱 양질의 의료가 제공되고 있는 상황이기를 기대한다.

03
왜 하필 안암동이에요?

2024년 3월 7일 목요일 오후 진료시간에, 앳된 모습을 한 여자 환자가 인후통과 가슴 답답한 증상으로 나를 찾아왔다. 젊은 여자 환자를 보면 긴장한다. 내가 남자라서 젊은 여자 환자를 보면 긴장하는 것이 아니다.

솔직한 말이지만 나는 젊은 여자 환자, 특히 20대 초반의 여자 환자를 볼 때 걱정이 앞선다. 우리 병원은 대기 시간이 매우 길다. 3시간 정도 대기는 기본이고 일주일에 5일 근무하는 진료일 중에서 3일 이상은 아예 오전 일찍 접수가 마감되기도 한다.

젊은 환자 중에는 중증 환자가 거의 없다. 대부분 감기의 후유증으로 인한 기침이거나 역류성 식도염 또는 위염 환자이다. 기관지 천식 환자와 간혹 기관지 결핵, 폐결핵 환자들이 있다.

감기 환자나 인후염 환자의 경우에 진료시간은 매우 짧다. 3시간을 기다렸는데 3분 안에 진료가 끝나면 환자는 당연히 화날 수 있다.

그러나 진료를 하는 나는 별로 할 말이 없다. 시간이 오래 걸릴 수가 없다.

전형적인 감기 증상의 환자를 볼 때 나의 말을 들어 보면 독자들도 이해할 수 있을 것으로 기대하며 전형적인 감기 증상의 환자를 볼 때의 장면을 다큐멘터리와 같은 건조함을 갖고 소개한다.

"안녕하세요? 여기 의자에 앉으세요." 환자가 진료실 의자에 앉는다.
"김수인가명 씨 맞으세요?"
"어디가 불편해서 오셨어요?"

"기침과 목이 아파서 왔어요."
"기침을 언제부터 했어요? 가래는 있나요? 최근에 열이 있었나요?"

"3일 되었어요. 열은 없었어요. 가래는 없어요."
"청진해 볼게요. 돌아봐 주세요."

청진을 마친 나는 이미 진단을 내렸다. 그냥 감기이고 인후염이다. 검사를 할 것도 없고 감기약을 3일 정도 처방을 한다.

의사로서 살아온 지 30년째이다. 단순한 감기 환자에게 더 물어볼 말도 없고 할 말도 없다. 여기서 남자와 여자의 반응이 극명하게 갈린다. 남자들은 아무런 질문이나 다른 말을 하지 않는다. 20대 남자 환자는 아무런 말이 없다.

20대 여자 환자는 완전히 다르다. 일단 어디가 아파서 왔다는 말과 함께 여러 가지 말을 쏟아 낸다. 한 달 전 친구와 함께 영화를 보고, 커피를 마시고 햄버거를 먹었는데 소화가 안 된 것 같다. 다음 날 일어나니 속이 더부룩하고 머리가 약간 아팠다. 1주일 후에 친구 생일파티에 가서 소주와 맥주를 마신 후 설사를 했다. 2주 후 부산 여행을 갔다가 '청사포'라는 곳을 갔는데 조개구이의 맛이 정말 일품인 집이었다.

환자에게 대단히 미안한 일이나 환자의 이러한 말을 들어 줄 시간이 없다. 대기실에는 많은 호흡기질환 환자가 기다리고 있고 나를 더 애타게 만드는 기관지 내시경 검사 시술을 기다리고 있는 환자가 있다. 환자의 말을 중간에 끊을 수밖에 없다.

"지금 제일 불편한 증상이 뭐예요?"

환자의 표정이 싹 바뀐다. 서당 개 삼 년이면 풍월을 읊는다고 했다. 아무리 지식이나 경험이 없어도 그 분야에 오래 있으면 어느 정도 지식과 경험을 가질 수 있다는 말이다. 나는 원래 눈치가 빠르다. 그러한 내가 30년 동안 환자를 보았다. 환자를 만난 횟수로 계산하면 아마 이백만 번도 넘게 만났을 것이다. 환자의 기분이 나빴을 것을 모를 수가 없다. 환자를 보고 나서 생각했다.

화가 나서 친구들이나 지인들에게 안 좋은 말을 하고 그래도 분한 마음이 가라앉지 않을 경우, 인터넷에 '안 좋은 댓글'을 작성할 것으로 생각했다.

그래서 나는 20대 젊은 여자 환자를 진료할 때 긴장도 되고 걱정도 된다. 감기의 진단이 내려지는 순간 제일 먼저 드는 생각이 미안하다는 생각이다. 진료가 금방 끝날 것을 알기 때문이다. 이 환자는 얼굴은 어려 보였으나 30대 나이였다. 다행한 일이었다. 30대의 여자 환자도 세대로는 'MZ'세대이지만 20대 여자 환자보다는 여유로움이 있다.

독자들이 오해하지 않기를 바란다. 나는 지금 성차별이나 세대의 갈등을 말하는 것이 아니다.

내가 경험한 나의 경험치를 말하는 것이고 이 말에는 어떤 과학적이고 객관적인 자료나 근거가 있는 것이 아니다. 나의 개인적인 느낌을 말하는 것이다.

이 환자의 질문이 내게 많은 추억과 나를 돌아볼 수 있는 계기를 주었기 때문에 소개하는 것이다. 간단한 질문을 마치고 진단 후 약을 처방하고, 불편하면 다시 오시면 된다는 인사말을 건네고 있는 내게 뜬금없는 질문을 했다.

"그런데 원장님, 왜 하필 안암동이에요?"

순간 당황했다. 무슨 말이지? 무슨 뜻이지? 그날 밤 나는 안암동을 다시 곰곰이 생각했다.

안암동 安岩洞

한자의 뜻을 살펴보면 편안할 '안安'에 바위 '암岩', 동네 '동洞'이다. 즉 편안한 바위가 있는 동네라는 뜻이다.

안암동의 유래를 살펴보면, 1395년 조선 태조 4년부터 산수가 아름답고 빼어나 풍수지리학적으로도 많은 관심을 가졌던 지역이다. 원래 "안암"이라는 명칭은 지금의 안암동 3가 대광아파트 단지 내 약 20여 명이 앉아서 편하게 쉴 만한 큰 바위가 있어 이를 '앉일바위'라고 부르고 그것을 한자로 '안암安岩'이라 옮겨 쓴 것이 그 유래가 되었다고 한다.

안암동은 민족의 대학이라 불리는 '고려대학교'가 있으며 '성신여대'와 '용문 중고등학교', '안암초등학교'가 있다.

안암동이 위치한 성북구는 나와는 아주 밀접한 관련이 있다. 안암동과 근접한 동선동은 나의 본적지이다. 본적지는 내가 세상에 태어난 동네이다. 나는 성북구 동선동에서 태어났다. 내가 안암동2가 98-1 주소지, 현재의 지번으로 고려대로 13길 8에 처음 개원을 한 것은 운명이다.

나는 태어나서 직장을 딱 한 번 바꾸었다. 지금은 폐원한 서울 중구 을지로 3가에 있었던 인제대학교 의과대학의 모체인 '서울 백병원'이 내 생애의 첫 직장이었고, 현재 안암동의 '고운숨결내과'가 나의 두 번째 직장이다. 첫 직장은 1994년부터 2001년 2월 초까지 근무했었고 두 번째 직장은 2001년 2월 26일부터 2024년까지 한곳에서 23년을 일했다.

10년이면 강산이 변한다는데 23년 동안 안암동의 한곳에서 네 번의 내부 확장을 하면서 성장해 지금의 '고운숨결내과'가 되었다. 2001년 2월 26일 간호사 한 명과 임상 병리사 한 명, 단 두 명의 직원으로 27평의 공간에서 시작한 작은 내과의원에서 2024년 현재 약 200평의 공간에 직원 20명의 의료기관으로 성장했다.

안암동은 나의 젊은 시절 30대와 40대, 중년의 시절인 50대의 모든 시간을 다 바쳐 일해 온 내 삶의 터전이고, 내 인생의 도전과 실패, 성취와 기쁨, 아픔과 상처가 용광로처럼 섞여 있는 곳이다.

안암동은 '조선시대'의 선조들이 아름다운 풍수와 편안한 바위로 여겼듯이 600여 년이 지난 현재에도 나의 인생에서 가장 편안하고 듬직한 바위와 같은 존재로 각인되어 있다. 대한민국 전국에서, 해외 각지에서 우리 병원이 있는 안암동을 찾아왔다. 2차선 도로의 구석진 곳에 있고 건물은 오래되었으나 편안한 바위 위에 지어진 건물이다.

이 건물이 처음에 터를 닦을 때 지하에 큰 바위가 있었다고 하니, 그야말로 반석磐石 위에 세워진 보물과 같은 장소가 아닌가?

반석은 넓고 편편한 바위를 말한다.

기독교에서 많이 사용하는 단어로 상징적으로 보호자요, 피난처가 되신 '하나님'을 말하며 구원의 확고부동한 기초인 '예수 그리스도'를 뜻한다.

23년 동안 그 많은 중환자와 응급환자를 진료하면서 보이지 않는 '보살핌'이나 '축복'이 있음을 느꼈다. 내가 하는 일은 일상적인 내과 의사의 삶이 아니다. 의사는 사람의 생명을 살리는 것이 진정한 의사라는 '신념'을 갖고 무던히 애를 쓰고 나의 모든 것을 다 쏟아부으며 지금의 자리까지 왔다.

신이 내려 준 망각의 축복 속에서도 나의 기억에 살아남아 파노라마처럼 펼쳐지는 죽어 가는 환자와의 사투의 장면만 30여 편이 넘는다. 그 중 완전히 죽었다가 살아난 환자도 있다.

심장이 정지되고 산소 포화도는 제로이며 몸의 피부색이 회색빛으로 변해 시체의 모습처럼 되었던 환자도 있다. 환자가 사망했다고 생각하며 식은땀이 뒤범벅이 되도록 심폐소생술을 지속하다가 멈춘 적도 있다.

그런 환자들이 기적처럼 다시 심장의 박동이 뛰고 산소포화도가 제로에서 30%, 50%, 90%로 올라가고 회색의 피부색이 분홍색으로 변해 가는 것을 바라본 나는 '전율의 순간'을 여러 차례 경험했다.

나는 자연과학 중에서도 의학을 전공한 의사이다. 의학은 원인과 결과를 신뢰하며 증거가 없는 것은 믿지 않는다.

미신을 배격하고 주술을 경멸한다. 하지만 오랜 세월, 안암동의 반석 위에 세워진 '고운숨결내과'는 분명히 하늘의 축복을 받은 것으로 믿는다. 의학은 통계이다. 의학이 우연이 아닌 이유는 바로 통계에 기반하고 있기 때문이다.

통계란 무엇인가?

통계通計, Statistics는 집단현상에 대한 구체적인 양적 기술을 반영하는 숫자이다. 사회집단 또는 자연집단의 상황을 숫자로 나타내는 과학이다. 예를 들어서 '서울 인구의 생계비', '한국 반도체 생산량과 추이', '추출 검사'한 제품 중의 불량품의 개수 등이다.
통계는 집단에 관한 것이다. 따라서 어떤 사람의 재산이라든가, 지리산의 높이 등, 어떤 개체에 대한 수적인 기술은 아무리 구체적이라고 해도 통계가 아니다. 오늘날의 사회생활과 과학은 통계 없이는 존재할 수가 없다.

의학적 행위 중에서 검사의 장비 일부가 인체의 조직 안으로 들어가는 행위를 침습侵襲적인 검사라고 말한다. 침습적인 검사의 대표적인 예를 들면 '주삿바늘'을 이용하여 혈액검사를 하거나, 조직검사를 하는 경우, 위내시경 검사나 대장 내시경 검사, 기관지 내시경 검사가 있다.

모든 내시경 검사는 반드시 부작용이 있다. 부작용이 없는 내시경 검사는 존재하지 않는다. 의학은 '내시경 검사'의 부작용에 대한 통계가 있다. 위내시경 검사를 받을 때 나타날 수 있는 부작용의 종류와 그 빈도가 몇 %로 나타날 수 있는지 통계가 있다. 내가 시술하는 기관지 내시경 검사도 부작용의 종류와 빈도에 대한 통계가 있다.

통계는 집단에 대한 빈도이므로 집단이 크고 많으면 당연히 그 횟수가 커진다. 기관지 내시경 검사를 열 번 시행할 때 나타날 수 있는 부작용의 횟수와 백 번을 시행할 때 나타나는 빈도가 다르다.

나는 우리나라에서 '기관지 내시경 검사'를 가장 많이 했다. 200명의 환자에게 기관지 내시경 검사를 시행하고 성공적으로 시술했을 때 기관지 내시경 검사 전문 자격을 준다. 나는 그 기준으로 수백 배의 검사를 했다.

합병증의 빈도가 높을 수밖에 없다. 합병증에는 매우 심각한 합병증도 나타날 수 있다. 이것은 검사를 시술한 의사의 숙련도와 관련이 없을 수 있다. 도저히 예측할 수 없는 합병증도 있다. 환자가 알려지지 않은 약물 알레르기가 있다면, 예측할 수 없다. 의사의 잘못도 아니고 환자의 잘못도 아니다. 자연재해같이 어느 날 갑자기 다가올 수 있는 사고인 것이다.

혈기왕성血氣旺盛했던 젊은 시절의 나는 매우 위급한 중환자를 볼 때, 응급치료로 환자의 안전을 지킬 수 있다는 것에 대단한 자부심이 있었다.

벼는 익을수록 고개를 숙인다고 했던가. 지금의 나는 안다. 내가 잘나서 죽어 가는 환자를 살린 것이 아니라는 것을 매우 잘 안다. 매일매일 만나고 치료하는 중환자와 응급환자 중 다행히 단 한 명의 환자도 우리 병원에서 사망한 경우가 없다.

기적이다. 그리고 이 기적은 안암동, 반석 위에 기초한 신의 축복이 있기에 가능한 것이다. 오늘도 응급환자와 중환자를 무사히 진료했다. 내일의 나도 그럴 것이다.

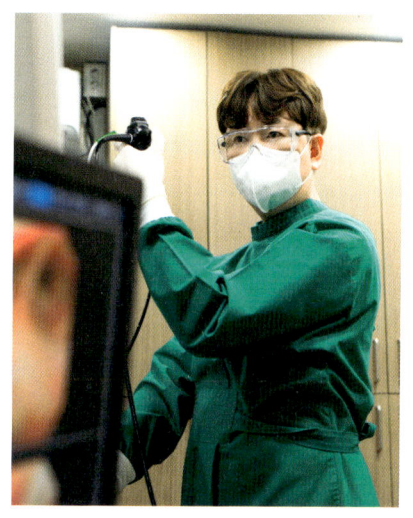

기관지 내시경 검사를 시술 중인 고운숨결내과 진성림 원장

나에게 안암동은 약속받은 축복의 땅인 것이다.

안암동이여!
영원히 빛나거라!

04
너의 삶을
즐길 수 있는가?

나는 어릴 때부터 명랑하고 쾌활한 개구쟁이였다. 초등학교 입학하기 전부터 동네에서 말썽꾸러기로 악명을 떨치고 온 동네를 시끄럽게 하면서 사고도 많이 치고 다녔다. 어머니는 하루의 시작인 아침이 밝아오면, 오늘은 제발 "얌전히 있어야 한다."라는 신신당부를 할 정도였다.

하지만 독자들도 알지 않는가? 사람의 성품이 변하던가? 특히 이제 세상에 태어난 지 8년 된 아이가 타고난 성향을 성찰하고 본인의 성향 문제점을 알아서 고칠 수 있겠는가?

극히 외향적이며 장난치기 좋아하고 놀기 좋아하는 나의 성품은 초등학교 6학년 때까지 계속되었다.

지금 생각해 보면 즐거운 놀이를 하면서 개구쟁이 짓을 하고 다니니 정말 학교생활이 신났다.

행복했다. 축구하고 야구하고 땅따먹기 놀이와 오징어 게임 놀이, 술래잡기 놀이, 무궁화꽃이 피었습니다, 자치기 놀이, 딱지치기, 구슬치기, 남의 집 초인종 누르고 도망가기, 남의 집 대추 열매 따기, 뒷산에서 불놀이하기, 새총으로 참새 잡기, 여학생들의 고무줄 놀이 때 고무줄 끊기 등 헤아릴 수 없이 재미있는 놀이를 하면서 지냈다.

50년이 지난 지금도 그때의 기억이 생생하다. 하늘은 푸른 하늘이었고 그 파란 하늘 위에 솜사탕 같은 구름이 뭉게뭉게 피어 있었다. 개인용 컴퓨터가 아예 없었던 시절이었고, 핸드폰이라는 개념 자체가 없었던 시절이었다.

온종일 뛰놀고 산에 칡뿌리 캐러 다니고 온 동네를 휘젓고 다녔다. 나는 강북의 은평구 갈현동이라는 곳에서 자랐다. 이러한 나의 성향이 서서히 조금씩 내향적으로 바뀌기 시작한 것은 고등학교 입학 후였다. 사춘기가 지나고 나서 생각이 많아지고 공감하는 능력이 피어나기 시작했다.

삶의 즐거움보다 삶의 고단함에 일찍 눈을 뜨고 '인간은 왜 태어나서 잠시 살다가 떠나며, 인간이 죽고 나면 과연 어디로 가나?' 하는 종교적이며 철학적인 생각에 매일 밤 MBC 라디오에서 흘러나오는 팝송을 들으면서 나의 성향이 바뀌어 갔다.

의과대학 시절은 방대한 의학 서적에 파묻혀 살았다. 독서실에 가장 먼저 오는 학생 새벽 5시쯤 이었고 독서실에서 가장 늦게까지 공부하다가 마지막에 나가는 학생이었다.

더욱 놀라운 사실은 추석 전날, 추석날, 크리스마스이브 날, 크리스마스 날에도 독서실에서 홀로 공부했다는 것이다. 신비한 인체를 공부하는 것이 매우 재미있었다. 한마디로 의과대학의 그 힘든 공부가 내게는 의무가 아니었고 즐기는 놀이 같은 것이었다.

6년의 의과대학 생활은 최상위 성적을 유지했다. 그 당시 나의 별명은 걸어 다니는 '해리슨'이었다. 해리슨은 내과 교과서의 성경 같은 교재이며 영문 원서로 1권, 2권을 합치면 약 1만 페이지가 넘는 매우 방대한 내과적 지식이 담겨 있는 교과서이다

인턴을 마치고 전공의 시절 4년을 수료하고 나는 전임의 과정으로 "호흡기내과"를 선택했다. 호흡기내과를 시작하면서 그동안 삶을 즐기는 나의 기본적인 성향을 잊어버렸다.

즐기는 삶을 살 수가 없었다. 매일 사느냐 죽느냐의 갈림길에서 사투하는 호흡기 중환자들의 힘든 상태와 그 가족들의 눈물을 보면서 슬픔과 연민이 내 마음 가득히 찼다.

그때도 나는 나의 삶이 "의무감과 책임감"으로 인생이 고단해질 거라는 생각은 추호도 하지 않았다. 전임의 과정을 마친 후 전임강사와 조교수로서 호흡기내과에서의 내 인생은 시작되었다.

2000년 의약분업의 일로 '전대미문'의 의사들의 집단행동으로 병원의

재정이 어려워지고 이사회에서 교수들에게 사전의 양해나 동의도 없이 급여를 50% 삭감하였다. 충격이었다. 나는 모교 대학병원에서 은퇴할 때까지 호흡기내과에서 진료하고 연구하고 교육하고 싶은 사람이었다.

애초에 돈에 대하여 갈구하는 마음이 없었다. 이러한 나의 진실의 마음을 외면한 채 이사회는 그 당시 노조가 결성되어 있지 않던 교수들의 월급만 일방적으로 삭감한 것이다.

화가 났다. 배신감이 들었다. 돈만 벌라는 병원의 행태가 괘씸했다. 결심했다.

남의 돈을 벌어 주지 말고 내 돈을 벌기 위해 정당하게 개인 병원을 차려야겠다고 생각했다. 그렇게 결정한 후 서울 지역 여기저기 개원하기 좋은 장소를 찾아서 발품을 팔았다. 23년 전에도 서울에서 좋다고 생각되는 자리는 이미 병원이 있어서 개원할 자리가 없었다.

의사들이 보는 신문인 '의협신문'의 광고란에 실린 '북수원' 지역 신도시가 들어서는 자리 상가의 병원 임대 광고를 보고 현장에 가서 답사했다. 신도시가 들어서는 자리라 깔끔하고 건물도 마음에 들었다. 바로 계약을 했고 개원하고자 하는 지역이 북수원이라 집도 분당으로 이사하고 북수원 신도시에 개원하기 위한 준비 절차에 들어갔다.

2001년 구정 때였다. 친척들이 모인 자리에서 그 당시 성균관대학교 교수였던 작은 고모님이 북수원 지역에 삼성병원의 분원이 개원할 거라는 소식을 전했다. 삼성병원은 대학병원 최초로 병원에 기업적인 서비스 정신을 접목한 대기업 계열의 병원이었다. 고민에 빠졌다. 삼성병원과 직접 경쟁하기 부담스러웠다.

친척들과 모임이 끝난 저녁 8시 집으로 온 나는 다시 '의협신문' 병원 임대 광고를 뒤적이다가 안암동의 작은 꼬마빌딩 광고를 보고 안암동으로 향했다.

도착해 보니 근처에 '고려대학교 부속 병원'이 있었고 주위에 아파트 단지는 없었으며 오래된 한옥과 연립주택이 있는 지역이었다. 그 주위를 살펴보고 꼬마빌딩의 현재 입주한 상황을 보고 건물주를 만나고 나서 하루를 고민했다.
북수원의 개원 장소를 포기하기로 했다. 계약금 4천만 원도 포기했다. 북수원 지역의 건물은 2001년 9월에 완공되어 그해 10월에 개원할 수 있었고, 안암동은 2001년 2월 말에 개원할 수 있는 상태였다.

8개월 먼저 개원할 수 있다면 4천만 원의 계약금은 포기해도 괜찮다고 판단했다. 안암동은 주변 지역의 마음씨 좋은 주민들이 시골의 정서를 갖고 사는 동네였다고 판단했다. 입소문이 잘 날 수 있는 지역이라고 생각했다. 시골의 정서가 있으면서 서울의 중심 지역이다.

안암동 주민들이 어디로 내과의원을 다니는지 알아보았다. 그분들의 말을 통해 안암동 지역에 내과가 있으면 좋겠다는 열망을 확인했다.

마치 국회의원이 선거 운동하듯이 주민들을 만나면서 안암동에서 개원하면 성공할 수 있다는 확신을 했다. 그렇게 '진성림 내과'는 2001년 2월 26일 탄생하였다.

5년이라는 시간이 흐른 후, 2006년 9월 1일 호흡기내과 전문을 표방하며 병원 이름을 '고운숨결내과'로 바꾸고 CT 장비, 백색 기관지 내시경 장비, 형광 기관지 내시경 장비 등을 갖추고, 개인 의원 최초로 기관지 내시경 검사를 시도하는 호흡기내과 1차 의료기관으로 시작하여 2024년 지금까지 성장해 왔다.

1차 의료기관인 개인 의원의 최초 '타이틀'의 시상을 많이 받고, 1차 의료기관 최초로 폐결핵 환자의 치료에 헌신한 공로를 인정받아서 "보건복지부 장관" 표창을 받았다. 1차 의료기관에서 기관지 내시경 검사를 시행한 지 18년이라는 긴 시간이 지났다.

의료전달 체계에서 1차 의료기관으로 분류된 개인 의원에서 폐암 조직검사와 기관지 안의 이물질 제거, 기관지 확장증의 이물질 같은 고착된 화농성 가래 제거와 치

고운숨결내과의 보건복지부 장관 표창 수상과 각종 수상 경력

료, 기관지 결핵의 진단과 치료, 폐암의 진단, 천식 적정성 평가 1등급, 만성폐쇄성폐질환 평가 1등급, 잠복결핵 치료 의료기관 선정 등 숨 가쁘게 달려오면서 의원에서 감당하기 부담이 되는 호흡기질환 환자들을 치료하였고 해가 거듭될수록 호흡기내과 중환자들의 치료를 하면서 나는 완전히 지쳐 갔다.

개인 의원으로서 선도자의 역할의 길을 걸어오면서 처음 시도하는 진단과 치료에 심사평가원의 정밀 심사와 공단의 감사, 보건복지부의 감사 등 각종 규제와 간섭으로 너무 힘들었고 재미가 없었다.

어떻게 하면 병원을 그만두고 쉴 수 있을까를 고민했다. 하지만 나를 놔 주지 않는 것이 있었다. 의무감과 책임감이었다. 해남, 제주도, 울릉도, 목포, 부산, 대구, 대전, 청주, 강릉, 경주, 문경, 완도, 여수, 군산, 전주, 진주, 거제, 경기도 각 지역, 서울 각 지역, 미국, 캐나다, 중국, 일본, 태국, 말레이시아, 싱가포르, 독일, 이태리 등 해외 각 지역에서 해결되지 않는 호흡기질환자들이 물밀 듯이 밀려오는 상황에서 도망갈 수가 없었다.

내 몸이 아프기 시작했다.

> "일을 즐겁게 하는 자는 세상이 천국이요, 일을 의무로 생각하는 자는 세상이 지옥이다."
>
> - 레오나르도 다빈치

즐겁게 일하는 것이 얼마나 중요한지를 함축적으로 말하는 다빈치의 명언이다. 오래전, 이러한 진리를 깨달은 다빈치는 천재임이 틀림없다.

그러나 깨달았다. 고대의 천재가 선언한 명언은 그 시대의 명언일 뿐이다.

의무로 생각하고 일하는 곳이 비록 세상의 지옥과 같은 고통이라고 해도 호흡기내과 전문의이며 우리나라 호흡기내과의 개인 의원 전설이 된 나는 그러한 무게를 견뎌 내야 한다.

환자에 대한 의무감, 우리 병원 직원들에 대한 책임감은 내가 일을 즐기면서 하지 못해도 내가 이 세상에 태어나서 존재하는 근본적인 이유이다.
앞으로 얼마의 시간을 이러한 중압감과 의무감, 책임감으로 버틸 수 있을지 모른다. 그러나 나는 멈추지 않을 것이다. 나는 호흡기질환 환자들이 절실히 필요로 하는 호흡기내과 전문의이기 때문이다.

05
'찰나(刹那)'의 순간에 결정되는 운명

나는 호흡기내과 전문의다. 필수의료 중의 필수 과인 사람의 호흡기에 생기는 다양한 질환을 진단하고 치료한다.

위의 염증이나 위궤양으로 위 통증이 있는 환자를 생각해 보자. 위의 통증도 병의 정도에 따라서 경미한 통증부터 참을 수 없는 통증까지 다양한 통증의 범위가 존재한다.

천식의 급성악화 호흡곤란을 생각해 보자. 위궤양이나 위염은 촌각을 다투는 질환이 아니다. 보통은 위궤양 약물이나 주사제, 위염약으로 치료한다.

천식의 급성악화는 매우 위중하고 촌각을 다투는 질환이다. 전문가의 신속한 진단과 빠른 치료가 시행되지 않는다면 환자가 죽을 수도 있다. 호흡기내과 전문의는 이러한 촌각을 다투는 질환을 자주 경험하고 찰나의 순간이 얼마나 중요한지 잘 알고 있다.

찰나의 뜻은 어떤 일이나 사물 현상이 일어난 바로 그때를 말하며 불교에서 유래된 말로 시간의 최소 단위를 나타내는 말이다. 그 찰나의 순간에 내 삶과 운명이 결정된 그 날의 기억을 떠올리며 이야기를 시작한다.

2021년 8월은 '코로나19 바이러스'가 맹위를 떨치고 있던 시기였다.

나는 병원에서 일상적이고 통상적인 일을 했다. 오전 11시경에 소화가 안 되는 것 같은 불편함을 느꼈다. 점심을 안 먹었다. 오후 3시부터는 속이 메스껍고 배꼽 주위 부분의 통증이 느껴졌다.

진료를 마치고 집으로 돌아가는 순간 복부의 통증이 우측 하복부 쪽으로 옮겨 갔고 통증의 정도가 매우 심했다. 집에 도착하자마자 허리를 펼 수 없을 정도의 극심한 복부 통증이 계속되고 우측 하복부 부위를 손으로 누를 때와 비교하여 손을 뗄 때 통증이 더 심해졌다. 통증 부위를 손으로 누를 때와 비교하여 손을 뗄 때, 더 아픈 소견을 의학적으로 반발 통증rebound tenderness이라 한다. 이러한 반발 통증은 대부분 응급 치료가 필요한 심각한 질환이며 수술이 필요한 경우가 많다.

"아뿔싸!" 머리를 스치는 진단명. '급성 충수염'이었다.

급성 충수염은 과거에 '맹장염'이라고 불리던 질환이다. 대장에 달린 '충수 돌기'라는 해부학적인 부위에 급성으로 염증이 발생한 상태를 말하며 대부분 수술로 치료하는 병이다. 염증이 시작된 충수를 외과적인 제거를 통해서 치료한다.

병원의 응급실로 갔다. 응급의학과 교수님의 첫 진단은 예상대로 '급성 충수염'이었다. 즉시 복부 CT 촬영 검사를 받았다. 충수 돌기가 매우 부풀어져서 터지기 직전의 상태이었으나 충수 돌기가 터진 상태는 아닌 것 같다는 소견을 근거로 응급 수술을 보류했다. 다음 날 오전에 수술하기로 하고 저녁과 그날 밤은 항생제와 진통제 주사를 맞으며 다음 날 수술을 기다리기로 했다.

밤 11시부터 체온이 급격하게 40도까지 올랐다. 온몸이 사시나무 떨리듯 떨리고 무엇보다 복부 통증이 매우 심해서 참을 수 없는 고통을 겪었다.

지금까지 살면서 이렇게 심한 고통은 처음이었다. 창자가 끊어질 것 같은 아픔과 복부 전체가 마치 펄펄 끓는 물에 담겨서 익어 가는 느낌이었다.

해열제 주사와 비스테로이드 항염증NSAID: Non-Steroidal Anti inflammatory drug 주사를 여러 차례 맞았다.

열은 떨어지지 않았고 새벽 2시에는 혈압도 떨어졌다. 의사인 나는 직감적으로 나의 상태가 나빠지고 있다는 것을 알았다.

하지만 새벽 2시에 응급 수술을 받을 수는 없었다. 그 당시는 '코로나 19 바이러스'의 전국적 유행 상황으로 나와 같은 상황의 환자에게 응급 수술을 할 수 있는 시기가 아니었다. 수술 예정시간이 오전 9시. 아직도 7시간이나 남았다. 7시간 동안의 끊임없는 복통 속에서도 시간은 흘러갔다.

수술실로 들어갔다. 나는 한 번도 전신 마취를 받아 본 적이 없다. 수술대 위에 누워서 전신 마취를 기다리는 순간, 30년 전 하루에도 10명이 넘는 환자를 수술대 위에 옮기는 인턴 일을 할 때가 생각났다.

그때 나는 아무런 생각 없이 환자를 수술대 위에 눕혔다. 아무 생각 없이 마취 전 준비를 도왔다. 지금 내가 그런 환자의 입장이 되자 환자들의 불안감과 두려움이 어떠했는지 이해가 갔다.
"역지사지"라는 한자 성어는 상대방 처지를 생각해 봐야 상대방을 잘 이해할 수 있다는 말이다. 전신 마취의 경험을 하게 되는 순간 비로소 전신 마취를 통해 수술하는 환자들의 두려움을 이해한 것이다.

30년이라는 긴 세월을 모르고 지내 왔던 감정의 소용돌이 속에서 이제야 환자의 불안을 이해한 것이다. 수술이 어떻게 끝났는지 기억이 나지 않았다. 몽롱한 의식 속에 들려오는 희미한 음성들이 나를 더 불안하게 했다.

마취과 교수님과 간호사가 주고받는 대화는 의학적 용어와 전문용어로 말하고 있었으나 의사인 나는 그 말의 뜻을 정확히 알고 있었다.

"혈압이 왜 이렇게 낮지?"
"산소포화도도 올라가지 않습니다."

"동맥혈 가스분석ABGA 결과 산소분압이 70mmHg입니다."

헉! 뭐지?

호흡기내과 전문의인 나는 동맥혈 산소분압이 70mmHg라는 대화를 듣고 충격에 휩싸였다. 동맥혈 산소분압의 정상 수치는 90mmHg에서 99mmHg이다. 더욱 심각한 것은 수술 후에 산소를 공급하고 있는 상태에서 내 몸의 동맥혈 산소분압이 70mmHg라는 것은 매우 심각한 상태라는 것을 알고 있었다.

독자들의 이해를 돕기 위해 아주 쉽게 표현하면 산소를 공급하고 있으나 공급하고 있는 산소가 내 폐에 제대로 도달하지 않는 상태를 말하는 것이다. 폐에 산소가 부족하면 죽는다. 죽지 않으면 뇌사에 빠진다.

일반적인 충수염蟲垂炎 수술은 합병증이 거의 없다.

근래의 충수염 수술은 과거처럼 복부를 절개하여 수술하는 개복수술도 아니고 복부에 복강경이 들어갈 수 있는 작은 구멍을 절개하여 시술한다.

개복수술이 아닌 경우의 장점은 많지만 가장 중요한 것은 호흡기계통의 부작용이 적다는 것이다. 그런데 지금 내게 벌어지고 있는 검사의 수치는 폐에 문제가 있다는 것을 뜻하고 있었다.
의사인 내게 그것도 호흡기내과 전문의로 23년을 살아온 내게 청천벽

력과 같은 일이었다.

폐의 문제만이 아니라는 사실을 깨닫는 데 긴 시간이 걸리지 않았다. 병실로 돌아온 나의 혈압은 수축기 혈압이 70mmHg였고 이완기 혈압은 40mmHg밖에 안 되었다. 매우 심각한 저혈압이다. 심장의 박동 수는 1분당 140회가 넘었다.

곧 심장마비가 올 수도 있는 상태였다. 충수염은 수술 후 체온이 정상으로 돌아온다. 당연한 이치이다. 염증의 원인인 충수염을 외과적으로 제거했으니 체온도 정상으로 돌아와야 맞다.

그러나 나의 체온은 39도와 40도를 왔다 갔다 했다. 체온이 올라가고 혈압이 떨어지며 심장의 박동 수가 올라가고 산소분압이 떨어졌다. 수술 후 혈액검사 결과는 나를 더욱 충격에 빠뜨렸다.

혈액 내 백혈구 수치가 2만 9천이었고 심각한 염증이나 폐렴의 경우에 1만 7천-1만 8천: 정상은 4천-8천 특히 백혈구 중 '호중구neutrophil'라는 형태가 92%였다. 한마디로 내 몸은 충수염의 수술 전 상태보다 염증이 훨씬 심각해져서 온 전신에 염증이 퍼지고 있다는 것을 의미했다. 집도하신 교수님이 오셨다. 나는 지금 투여하고 있는 항생제의 용량을 최대 용량으로 올려달라고 부탁했다.

수술 후 나의 상태를 판단해 볼 때 패혈증敗血症일 수 있다고 말했다. 그러나 집도한 교수님은 나의 의견에 동조하지 않았다. 수술은 매우 잘

되었다고 설명했다. 수술 후 일시적으로 이러한 현상이 나타날 수 있고 혈액검사도 수술 후 이렇게 나오는 경우가 있다고 말했다. 집도 교수님은 내 손을 잡으면서 이렇게 말했다.

"환자분, 검사결과를 믿지 마시고 저를 믿으세요. 수술은 잘되었습니다."

지금도 생각하면 소름이 돋는 말이다.

의사로서 살아온 내 인생에 평생 기억될 말이다. 나는 수술이 잘못되었다고 말한 적이 없다. 외과 전문의로서 수술은 잘되었다고 말했을 것이다. 하지만 수술이 잘되었다는 말은 본인이 육안상 보았을 때, 수술이 잘된 것을 말한 것이다. 수술 후에 나타난 다양한 징후와 검사 소견은 환자가 죽음으로 가는 상황이다.

나를 수술해 준 그 교수를 험담하거나 비난하려고 말하는 것이 아니다. 나는 일반적인 환자가 아니라 환자의 생명을 다루는 위험한 상황과 중증 환자를 수없이 많이 만나 보고 진단, 치료한 호흡기내과 전문의이다.

환자이지만 필수의료의 핵심 역할을 해 온 의사가 의문을 제기하면 집도의도 혹시 이 환자의 말이 맞지 않을까를 고민해 봐야 하는 것이 안전하고 당연하다.

이제 내가 살 수 있는 길은 하나밖에 없었다. 여기서 시도하지 않으면 하루 안에 죽는다는 것을 알기 때문이었다. 병실에서 난동을 부렸다. 미친 사람처럼 소리를 질렀다. 항생제를 지금 즉시 최대 용량으로 올리라고 간호사에게 미친 듯이 악을 써 댔다. 이렇게라도 하면, 집도의가 다시 와서 나를 제대로 치료해 주지 않을까 기대하고 미친놈처럼 날뛰었다.

그러나 외과 교수는 오지 않았다.

수술을 책임진 외과 교수님 대신에 신경정신과 교수님이 오셨다. 간호사들은 나를 재우려고 안정제와 수면유도제를 준비한 채 내 옆에 서 있었다. 간호사들이 저승사자처럼 보였다.

'패혈증敗血症'은 세균이 혈액 속을 휘젓고 돌아다니면서 각종 장기를 부서트리고 결국은 사망하는 치사율이 40%인 매우 무서운 질병이다.

패혈증의 치료는 무조건 빠르게 최대 용량의 항생제를 투여하는 것만이 살길이다. 그런데 필요한 처치인 항생제의 최대 용량이 아니라 환자를 재우는 안정제가 투여된다면 패혈증 환자는 죽는 것이다.
정신과 교수가 왔을 때는 이미 나의 의식이 몽롱해지고 숨이 가쁘고 고개를 움직일 수조차 없는 죽기 직전 상태였다. 정신과 교수를 설득하지 못하면 죽는 것이라는 사실을 잘 알고 있었다.

찰나의 순간이 온 것이다. 죽느냐 사느냐의 그 찰나의 순간이다.

있는 힘을 다해 의학적 논리로 정신과 교수를 설득했다. 수술 후 나타날 수 있는 '섬망delirium'이나 수술 후 불안장애나 수술 후 공황장애가 아니라 진짜로 내가 패혈증에 빠져 있다고 설득했다.

이제 나의 생명은 나를 수술한 집도의 손에 달린 것이 아니라 정신과 교수의 한마디에 결정되는 것이다.

내가 그렇게 허무하게 삶을 마감할 운명은 아니었다. 정신과 교수는 나의 말을 듣고 집도한 교수에게 섬망delirium이 아니라고 말을 했고 그제야 항생제의 최대 용량이 투여되었다. 항생제 최대 용량 투여 후 6시간이 지났다. 혈압도 체온도 동맥혈 산소분압도, 심장의 박동 수도 정상으로 돌아왔다.

나는 죽음의 바로 문턱에서 다시 살아난 것이다.

의사는 환자를 진단하고 치료한다. 진단이 잘못되면 치료도 잘못된다. 진단이 잘되고 치료를 해도 환자의 병이 나빠질 수 있다. 불가항력적인 경우가 많다.

하지만 이러한 경험은 나를 포함한 모든 의사가 다시 한번 뒤돌아보는 성찰의 시간을 가지게 한다. 내가 호흡기내과 전문의가 아니었다면, 내가 중증 환자를 치료하는 필수의료 전문의가 아니었다면, 나는 죽었다. 이틀 후 수술 조직검사 결과지에는 이렇게 쓰여 있었다.

'미세천공을 동반한 급성 화농성 충수염'

'급성'이란 빠르게 진행됐다는 뜻이고 '화농성'의 뜻은 고름같이 된 상태를 뜻한다. '충수염'의 뜻은 충수 돌기맹장 끝 부위의 염증炎症이란 뜻이다. '미세천공'은 사람의 육안肉眼으로 확인할 수 없는 구멍이 있었다는 뜻이다. 그 구멍으로 세균이 이미 혈액 내로 퍼진 상태라는 것이다. 패혈증의 의학적 규명이 된 것이다.

2021년 8월 15일. 그 찬란했던 맑은 하늘과 구름을 잊을 수가 없다.

이틀간의 사투를 마친 후 살아난 내가 다시 간 곳은 "고운숨결내과"이다.

나를 기다리는 많은 환자를 두고 한가로이 휴식을 취할 수 없었다. 우리 병원에서 항생제 주사를 맞으면서 진료했다.

2024년 3월 현재 우리는 의료대란의 아픔을 다시 겪고 있다. 필수의료를 살리겠다는 취지로 시작된 의과대학 입학정원을 한꺼번에 2천 명을 늘리겠다는 정부의 발표로 촉발된 사태이다.

필수의료는 국민의 생명과 국가의 안보가 걸려 있는 매우 중대한 사안이다. 우수한 의료계 인재들이 필수의료를 왜 외면하고 있는지를 알아야 한다. 사람들은 알고 있다.

일이 힘들고 보상이 적기 때문이다. 보상은 돈만을 말하는 것이 아니다. 필수의료를 전문으로 하는 이 시대의 의사에게 남겨진 것은 사명감 뿐이다. 마지막 자존심이고 보루인 것이다.

과연 누가 필수의료에 헌신한 의사의 마지막 보루를 무너트리고 있는 것인지 묻지 않을 수 없다.

06
마음을 울리는 한마디

호흡기내과 전문의로서 살아온 시간.

이백만 번 이상의 진료 횟수를 통해서 만난 초진환자병원에 처음 와서 만난 환자를 초진환자라 한다만 11만 명이 넘는다. 11만 명의 초진환자와 이백만 건 이상의 재진 환자 수는 경이驚異로운 수준이다. 단일 개인 의원으로 나보다 호흡기질환을 많이 본 개인 의원 원장은 없다.

질환에는 통계의 법칙이 적용된다. 호흡기환자를 많이 볼수록 어떠한 호흡기질환이든 매우 심각한 중증의 환자를 많이 본다는 뜻이다. 가벼운 감기 환자나 증상이 잘 조절되는 천식 환자들은 세세한 기억이 없다.

하지만 너무 심한 질환으로 심각한 고통을 느끼는 환자들이나 치료하기까지 오랜 시간과 노력이 필요했던 환자들의 경우, 처음 만났을 때부터 치료가 잘 되어 병이 조절되기까지 모든 경과들이 생각난다.

연인戀人 사이의 시작과 그 과정이 비슷하다고 할 수 있다.

좋은 사람을 만나서 좋은 감정을 갖고, 두 사람이 사귀기 시작하면 첫 번째 만난 날도 기억하고 백일 기념도 함께하고 1주년을 기념하지 않던가? 상대방의 생일과 크리스마스, 발렌타인데이여자가 좋아하는 남자에게 초콜릿이나 기념품을 선물하는 문화: 매년 2월 14일와 화이트데이남자가 좋아하는 여자에게 사탕이나 기념품을 선물하는 문화: 매년 3월 14일 등을 기념하고 기억한다.

의사와 환자 사이에도 '의사-환자' 관계가 있다. 한 환자를 만나서 서로 간에 신뢰를 만들고 함께 치료를 위해 노력하는 모습은 인생의 동반자나 연인 사이와 같다고 할 수도 있다.

친구 사이와 연인 사이의 관계가 그러듯이 의사-환자와의 관계도 기쁨이 있고 보람도 있고 감사함의 감정도 있다. 때로는 갈등의 감정도 존재하고 서로의 관계가 깨지기도 한다.
어떤 환자는 백 번 이상의 진료를 본 환자도 있고 어떤 환자는 한 번의 만남으로 끝나기도 한다. 단 한 번을 봐도 평생 잊을 수 없는 환자도 있다.

2024년 3월, 진료실로 들어오는 그 환자는 첫 등장부터 나의 뇌에 각인되었다.

70대 남자 환자는 한 손에는 휴대용 산소통을 들고 있었고 또 다른 한 손에는 흉관 삽관 통을 들고 있었다. 겉모습으로 보기만 해도 매우 심한 호흡곤란으로 고생하는 환자임을 알 수 있었다.

얼굴은 창백했고 숨을 헐떡거리고 있었고 청진기로 진찰하지 않더라도 수포음폐포의 가래가 들리는 소리과 천명음기관지가 좁아져서 들리는 소리을 들을 수 있었다.

더 놀라운 모습은 흉관 통의 무게가 20kg이 넘고 휴대용 산소통도 10kg 넘는다는 사실이다. 두 개의 통 없이 그냥 걸어도 숨이 찰 상태인데 하물며 2개의 통을 직접 들고 오셨다.

보호자도 없이 혼자 오신 것이다. 얼마나 힘드실까? 얼마나 고생을 했을까? 안타까움과 연민憐愍이 일었다. 간단한 흉부 단순 사진과 기본적인 혈액검사, 산소포화도 검사를 했다.

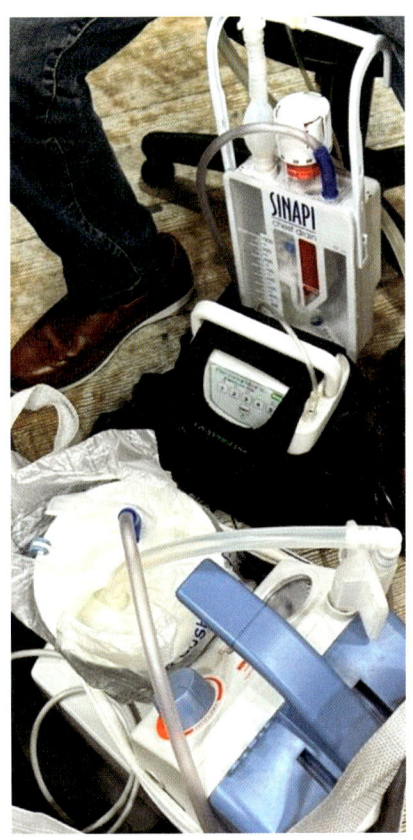

흉관 삽관된 통과 휴대용 산소발생기를 들고 온 환자 사진

단순 흉부 사진 결과 좌측 폐는 기흉흉막이 찢어져 공기가 폐를 압박하고 있는 상황과 농흉폐를 싸고 있는 흉막 안에 고름이 차는 질환이 있었다. 좌측 폐는 거의 기능

을 상실한 상태였고 남은 우측 폐만 기능을 함으로써 보상성 과팽창 상태인간의 호흡은 우측과 좌측 폐가 균등하게 일을 해야 한다였다.

보상성 과팽창 상태는 한쪽 폐의 기능이 상실될 때 다른 한쪽의 폐가 일을 더 많이 해서 폐가 커지고 폐포가 늘어나는 상태를 의미한다.

기흉氣胸만 있어도 호흡곤란이 심하다. 농흉膿胸만 있어도 숨이 차고, 가래가 끊임없이 나오며 감염을 일으킨다. 두 가지가 한쪽 폐에 동시에 발생해 있는 상태이면 호흡곤란과 흉부 통증과 고름 같은 가래로 인한 고통은 상상하기 어려울 정도이다.

모 대학병원에서 항생제 치료를 받아도 고름 같은 가래가 계속되어 끊임없이 환자를 힘들게 했다. 그 환자는 지푸라기라도 잡고자 하는 심정으로 모 대학병원에서 치료를 받다가 '고운숨결내과'로 온 것이다.

하지만 환자의 상태에서 기관지 내시경 검사를 해서 기관지 안에 있는 매우 심한 가래를 제거해 주는 시술은 할 수가 없었다. 기흉과 농흉이 있고 흉관 삽관까지 되어 있는 상태에서 기관지 내시경 검사를 통한 가래 제거 시술은 위험할 뿐만 아니라 기존의 기흉과 농흉이 해결되지 않으면 증상이 계속될 것이므로 기관지 내시경 검사의 실익이 없는 상태였다.

환자에게 자초지종을 설명했다. 환자는 실망하고 낙담하는 표정이었다. 마지막 지푸라기를 잡아도 소용이 없다는 것을 알았다.

"1년 전부터 원장님을 만나고 싶었는데 오늘 이렇게 원장님을 만나서 진료를 보니 여한이 없습니다. 소원을 성취했습니다."

가슴이 먹먹했고 눈물이 핑 돌았다.

얼마나 아프고 힘들었을까? 반복되는 시술과 항생제 치료에도 계속되는 자신의 상태를 보면서, '고운숨결내과'로 1년 전부터 오고 싶었다고 했다. 상황이 여의치 않아 못 오시다가 이제야 오신 것이다. 그런데 마지막 희망으로 기대하고 왔었는데 그 기대가 산산이 부서진 것이다.

의사로서 가장 마음이 무거운 순간이다.

무력감을 느끼게 되고 너무나 미안한 마음이 든다. 차라리 왜 나의 병을 고치지 못하느냐고 항변하거나 화를 내시는 것이 훨씬 정상적인 반응일 것이다. 그러나 그 환자는 여한餘恨이 없고 소원所願을 성취했다고 말했다.

환자의 말은 평생 잊을 수 없는 기억으로 남아서 나의 마음을 울릴 것이다.

끊임없는 질문을 내게 던질 것이고 앞으로 내가 어떤 마음을 갖고 환자를 진료해야 하는지 상기想起시켜 줄 것이다. 호흡기내과 전문의는 하루하루의 진료가 매우 힘들고 외롭고 지친다.

깊은 밤에도 다음 날 맞이할 중환자들의 기관지내시경 검사를 상상하다 보면 잠을 못 이루는 날이 많다. 1년이 아니라 23년 세월을 그렇게 보냈다.

30대의 나이에는 느끼지 못했던 고단孤單함과 우울憂鬱감, 피로疲勞함에 지쳐 버렸다. 곧 60대의 나이가 된다는 사실은 세월의 무상無想함만을 느끼는 것이 아니라 여기저기 아픈 내 몸을 통해서 내가 육체적肉體的으로 소진消盡되어 가고 있음을 알려 준다.

그만하고 싶고, 쉬고 싶다는 마음에 모든 걸 내려놓고 싶을 때가 많다. 하지만 지금까지도 온 마음과 힘을 다해 전문가의 역할을 다해 온 것은 바로 환자들의 기대감期待感을 알기 때문이다.

실제로 내가 해결해 주지 못하는 중증 질환도 많지만 내가 해결해 주는 중증 질환도 많다. 해결해 줄 수 있을 때의 보람과 사명감使命感이 나를 계속 일하게 하는 원동력原動力이다.

중증 질환을 해결해 주지 못한 그 순간에도 환자의 이러한 마음을 알게 될 때 내가 짊어지고 있는 필수의료의 무거운 짐을 내려놓기가 힘들다.

하루하루가 고되고 순간순간이 긴장緊張과 압박壓迫의 연속이지만 '필수의료'를 선택한 호흡기내과 전문의로서의 내 삶은 "괜찮아, 수고했어!"라는 일곱 음절의 위로로 버틸 수 있다는 사실을 안다.

23년 동안 부단한 노력과 뜨거운 열정을 갖고 성실하게 살았다. 앞으로 내가 일할 수 있는 시간은 10년 정도 남았을 것이다. 아니다. 10년 정도 남았다는 생각도 우매愚昧한 착각이다.

우리의 삶은 언제 마감할지 아무도 모른다. 그러나 지금까지 쉬지 않고 달려온 내가 쉴 수 없는 이유는 호흡기질환으로 고통받고 있는 환자를 만나는 순간, 인생을 뜨겁고 열심히 살아왔으니 이제는 쉬어도 괜찮을 거라는 생각이 순식瞬息간에 사라지기 때문이다.

힘들고 아프고 숨이 찬 환자들이 있는 한 나는 할 수 있는 일을 끝까지 할 것이다. 그것이 내가 "나는 호흡기내과 전문의, 진성림입니다."라고 말을 할 수 있는 근간根幹이 되는 것 아닐까?

[제2장]

상상할 수 없는 호흡곤란의 고통

치명적 폐렴과 노인 폐렴의 특징

서울대 병원을 가는 것이 최선일까?

지성이면 감천(感天)이다

환자의 말 속에 진단명이 숨어 있다

01
상상할 수 없는 호흡곤란의 고통

굳이 불교계의 용어를 빌리지 않더라도 인생은 고해이다. 인간의 삶은 태어나면서부터 아픔을 겪는다는 뜻이다.

성경에서도 아담과 이브가 선악과를 먹으면서 인간의 삶은 고통의 과정을 겪는다. 사자성어에도 "희로애락"이라는 말이 있다.

인생은 기쁨, 분노, 사랑, 즐거움의 과정을 경험한다는 뜻이다. 사람의 고통을 가장 흔하게 접하는 직업은 무엇일까? 의사라는 직업이다.

의사 중에서도 호흡기질환을 진단하고 치료하는 호흡기내과 전문의는 사람의 아픔을 많이 경험한다. 호흡기질환은 매우 다양하다. 다양한 호흡기질환의 환자가 느끼는 증상도 여러 가지이다. 기침, 가래, 흉통, 호흡곤란 등의 증상이 대표적인 증상이다. 이 중에서 독자들이 감히 상상할 수 없는 고통이 있다.

호흡기내과를 전문으로 하는 나도 이 질환의 호흡곤란은 상상할 수가 없다. 단지, 환자가 호소하는 고통의 말을 통해서 그 아픔을 이해해 보려고 노력할 뿐이다. 직접 경험하지 못한 상태에서 어떻게 글로 설명해야 할까?

백 미터 달리기를 전력 질주 후에 느끼는 호흡곤란일까? 마라톤을 완주한 후에 느끼게 되는 호흡곤란일까? 물속에 빠져서 익사하기 직전의 호흡곤란일까? 잘 표현할 수가 없다.

언어의 천재가 되어서 내가 느끼는 이러한 호흡곤란의 실체를 알릴 수 있으면 좋겠다. 도대체 어떤 호흡기질환이 이토록 무서운 호흡곤란을 일으키는 것일까?

폐의 섬유화증이다. 폐의 섬유화증은 생소한 진단명이다. 최근 빠르게 증가하고 있는 병이다. 폐의 섬유화증의 정확한 이해를 위해 호흡기의 해부학적 위치를 이해하는 것이 필요하다. 해부학적인 위치에 따른 호흡기질환의 분류를 임상적으로 분류하면 다음과 같다.

1) 기도와 기관지질환: 기관지 천식, 기관지 확장증
2) 폐포의 질환: 폐렴, 폐암
3) 간질성 폐질환: 폐의 섬유화증

간질間質이란 뜻은 사이 간間, 물질의 질質을 의미한다. 기관지와 폐포 사이의 해부학적인 위치에 병이 생기는 것을 간질성 폐 질환이라 한다.

폐의 섬유화증은 간질에 생기는 대표적인 호흡기질환이고 가장 중요한 질환이다.

폐의 섬유화증의 대표적인 증상은 호흡곤란이다. 호흡곤란을 일으킬 수 있는 호흡기질환은 매우 많다. 유명한 호흡기질환의 하나인 기관지 천식도 호흡곤란이 있다.

하지만 기관지 천식일 때의 호흡곤란과 폐의 섬유화증의 호흡곤란은 나타나는 양상이 다르다. 천식의 호흡곤란은 일중 변동이라는 특징이 있다. 일중 변동이라는 말의 의미는 하루 24시간 중에서 숨이 찰 때가 있다가 사라졌다 하는 증상이라는 말이다. 새벽과 밤에는 호흡곤란이 나타나다가 낮에는 사라지기도 한다.

폐의 섬유화증의 호흡곤란은 일중 변동이 없다. 종일 숨이 찬다. 걸을 때 더 호흡곤란이 심해진다. 계단이나 언덕을 올라갈 때 숨찬 증상이 심해진다.

폐의 섬유화증은 초기에는 아무런 증상이 없다. 조기 발견이 어려운 이유이다. 증상이 나타나도 천식이나 기관지염으로 오인되는 경우가 많다. 증상이 있어서 병원에 가도 진료한 의사가 폐 섬유화증을 의심하고 정확한 진단을 위해 다양한 검사를 통해서 진단해야 한다.

단순 흉부 사진에서 발견될 때는 이미 진행된 경우가 많다. 폐 섬유화증의 진단이 늦어지거나 치료가 안 될 경우, 합병증이 생길 수 있다. 폐

섬유화증의 대표적인 합병증은 다음과 같다.

1) 호흡부전
2) 폐암
3) 폐동맥고혈압
4) 폐렴
5) 다발성 장기 부전

호흡부전이란 산소가 폐로 들어가서 이산화탄소와 산소와의 교환이 일어나야 하는 정상적인 작동이 안 돼서 사망하는 경우를 말한다. 폐암이 발병하여 고통을 겪을 수도 있으며 간이나 신장이 망가지는 다발성 장기부전에 빠지기도 한다.

무서운 질환인 폐 섬유화증을 유발하는 원인은 무엇일까? 가장 흔한 원인은 아직 밝혀지지 않았다.

원인불명?

맞다. 원인을 모르는 경우가 가장 많다. 원인을 못 찾는 경우를 특발성 폐 섬유화증Idiopathic Pulmonary Fibrosis: IPF이라고 한다. 간질성 폐질환의 종류에서 '특발성 폐 섬유화증'이 중요한 이유는 예후가 안 좋고 흔하기 때문이다. 이 병의 진단 방법으로는 다음과 같은 방법이 있다.

1) 단순 흉부 사진 촬영

2) 고해상도 흉부 CT 또는 저선량 흉부 CT

3) 폐기능 검사: 제한성 환기장애, DLco감소폐 확산능 감소

4) 기관지 내시경 검사: 기관지 폐포 세척술

5) 혈액검사: KL6 검사신의료 기술

6) 폐 조직검사

'특발성 폐 섬유화증'의 치료약제는 2가지가 있다. 폐의 섬유화가 원인이기에 폐의 섬유화가 진행되는 속도를 늦추어 주는 항 섬유화제가 가장 중요한 치료약제이다. 20년 전에는 항 섬유화 약이 없었다. 10년 전 세계에서 최초로 항 섬유화 약제가 개발됐다.

피르페니돈상품명: 피레스파과 닌테다닙상품명: 오페브이 현재 사용 가능한 약제이다. 피르페니돈은 보험적용이 되지만 닌테다닙은 2024년 4월 현재 의료보험의 적용이 안 된다. 피르페니돈은 약의 부작용이 많다. 주요 부작용은 다음과 같다.

1) 소화장애

2) 간기능 장애

3) 광과민성 피부염증

4) 흡연 시 약물 혈중 농도 50% 감소

5) 자몽주스와 같이 복용하면 약물 농도 증가

폐섬유화 치료 약제

75세 남자가 호흡곤란과 기침으로 왔다. 3년 전부터 증상이 나타났고 다른 병원에서 기관지 천식과 만성폐쇄성폐질환COPD으로 진단되어 스테로이드 흡입제와 흡입용 기관지 확장제로 치료받았으나 증상은 좋아지지 않았다. 2주 전부터 호흡곤란이 매우 심해져서 왔다.

기관지 천식과 만성폐쇄성폐질환COPD의 진단이 맞았다면 좋아져야 한다. 특별한 경우를 제외하면 진단과 적절한 치료제의 조합은 환자의 상태를 좋아지게 한다.

이 환자의 경우에는 진단이 잘못될 수 있는 조건이 많았다. 아쉬운 부분은 진단과 올바른 치료제 조합의 치료가 실패한 경우, 그 원인을 다시 따져 봐야 했다. 처음의 진단이 잘못되었을 경우와 환자의 증상을 나쁘게 하는 다른 원인을 찾아야 했다.

이 환자는 기관지 천식이 아니었다. 환자는 '특발성 폐 섬유화증' 환자였다.

잘못된 진단의 위험성은 진짜 병이 진행되어 치료 시기를 놓칠 수 있다는 사실이다.

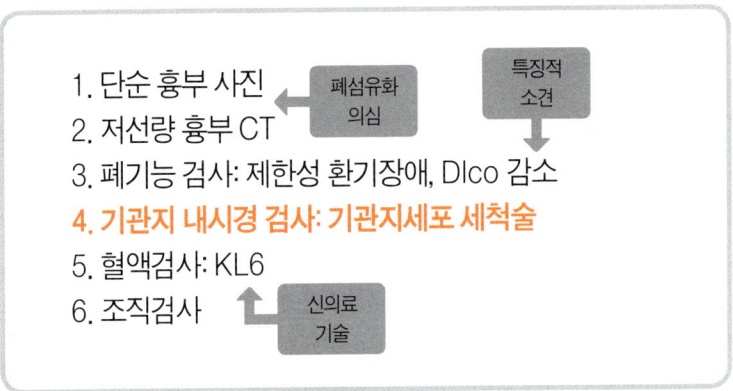

폐섬유화 진단 방법

의사의 첫 진단은 매우 중요하다. 의사들은 그 첫 진단diagnosis 전에 갖는 인식을 인상Impression이라고 표현한다.

인상Impression은 생리학적으로 외부의 자극이 생체에 새기는 생리적 변화를 말한다. 어떤 원인에 의해서 몸의 상태가 병적으로 변한 상태를 진단할 때, 최종적인 진단명diagnosis을 결정하기 전의 상태를 인상impression이라고 한다.

이러한 인상의 작업을 가장 잘해야 하는 의사가 바로 내과 의사이다. 그래서 내과학을 "의학의 꽃"이라고 표현하는 것이다.

내과 의사가 인상의 작업을 통해 최종진단을 내려야 치료 방침이 결정된다. 약물로 치료할지 수술로서 치료할지, 약으로 치료한다면 어떤 약제를 얼마의 용량으로 며칠을 써야 할지를 결정한다. 수술이 필요한 경우 어떤 수술이 필요한지를 찾아서 적절한 외과로 보내는 것이다. 눈에 보이지 않는 그 무엇을 찾아서 떠나는 과정이다.

철학적으로 인식론이란 표상의 감정적 요소를 칭하는 말이다. 병을 찾아가는 과정과도 유사하다.

흄은 인간의 마음속에 떠올라 심적 활동의 대상이 되는 것을 표상이라고 하였다. 표상을 인상과 관념으로 나누어 생각하였다. 예를 들면, 인상이란 햇빛 쪼일 때 좋은 기분과 같은 것이고 관념은 그것이 기억으로 회상될 때 좋은 기분과 같다.

인상과 관념의 구별은 강도의 차이로 인상이란 강렬한 힘을 갖는 표상이며 일반적으로 인간 마음속에 처음 나타난 때의 감각이며 정서인 것이다.

따라서 의사의 환자에 대한 인상Impression은 올바른 길을 찾는 나침반과 같이 중요한 것이다. 호흡곤란의 증상이 있을 때, 그 환자를 처음 만난 의사의 의학적 지식 범주에 특발성폐섬유화증Idiopathic Pulmonary Fibrosis의 호흡곤란의 특징이 없다면, 인상의 범주에 특발성폐섬유화증이 포함될 수가 없다. 올바른 진단diagnosis이 될 수가 없다. 치료는 될 수 없는 것이다.

이 환자의 폐섬유화증의 급성악화는 치사율이 60%나 되는 심각한 병이다. 급성악화를 빨리 진단하고 치료하기 위해서 가장 중요한 것은 폐섬유화증의 급성악화를 의심하는 것이다.

질환을 의심하는 것을 환자가 할 수는 없는 일이다. 진료한 의사가 이 질환을 의심하지 않는다면 환자는 목숨을 잃을 위험성이 있다.

급성 악화의 저선량 흉부 CT 소견

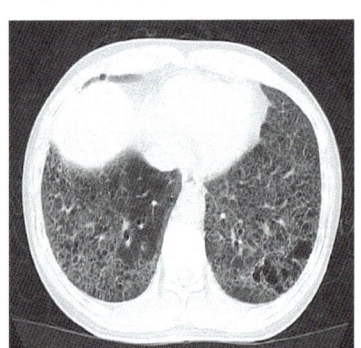

폐섬유화증의 급성악화 LDCT 소견: 양측 폐 전부가 벌집 모양

급성악화의 중요 개념

폐섬유화증의 급성악화는 사망률이
60%인 매우 위중한 질환이다.

초기 진단과 치료가 매우 중요하다.
치료는 전신적 고용량 스테로이드

즉각적인 치료가 안 될 경우 사망률이 60%나 되는 심각한 상태

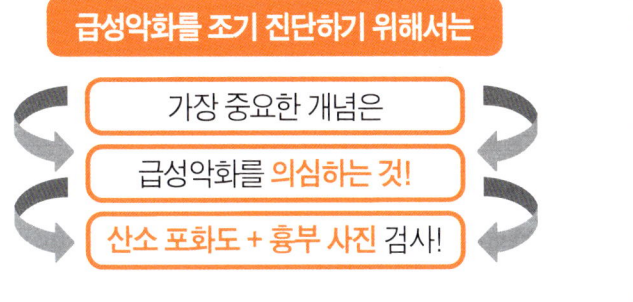

급성악화를 조기 진단하기 위해서는?

폐섬유화증 핵심정리

1. 진단은 저선량 또는 고해상CT 촬영
2. 급성악화 증상: 산소포화도 검사 필수
3. 흉부 사진이 정상이어도 초기 섬유화 가능성
4. 치료의 핵심은 항섬유화제(피레스파정)
5. 치료 전 반드시 간기능, 신기능 검사 필수
6. 약 부작용은 반드시 전문의 판단하에 조절

폐섬유화증 핵심정리

환자의 생명을 살리는 의사가 진정한 의사이다. 의사와 병원의 근본적인 존재의 가치價値는 인간의 질환을 진단하고 치료하며 생명을 살리는 일이다.

미용과 관련된 의사도 중요하나 생명과 상관이 없다. '쌍꺼풀' 수술보다 심장 수술이 더 중요하고 치아교정보다 폐암 수술이 더 중요함은 논쟁論爭의 가치조차 없다.

필수의료는 국민의 생명과 직결되어 있다.

필수의료를 담당하는 의사의 존재가 중요한 이유이다. 의사라는 직업의 가치이다. 30년 동안 필수의료의 한 축을 책임지고 지켜 온 나는 우리나라 호흡기환자의 미래가 너무 염려念慮된다.

02
치명적 폐렴과 노인 폐렴의 특징

폐렴이란 사람들이 대부분 알고 있는 질환이다. 폐렴은 폐에 염증이 생긴 상태를 말한다. 폐렴은 의학적으로 다양하게 분류하나 이 책에서는 흔한 폐렴에 대해 말하고자 하는 것은 아니다.

폐렴은 그 원인에 따라서 세균이 유발하는 세균성 폐렴과 바이러스에 의해서 생기는 바이러스성 폐렴, 특이하게 알레르기 반응으로 인한 호산구성 폐렴, 어떠한 약에 의해 유발되는 기질성 폐렴으로 분류한다.

폐렴이 어떻게 발생하는지에 대한 발생기전은 원인 물질이 폐에 침입하게 되면 호흡기의 방어가 손상되고 우리 몸 안에서 염증세포가 증가하면서 폐에 염증이 일어나게 된다. 이러한 폐렴은 과거 30년 전에는 사망의 원인 중 10위 밖에 있었으나 최근에는 사망률이 전체 3위까지 올라왔다.

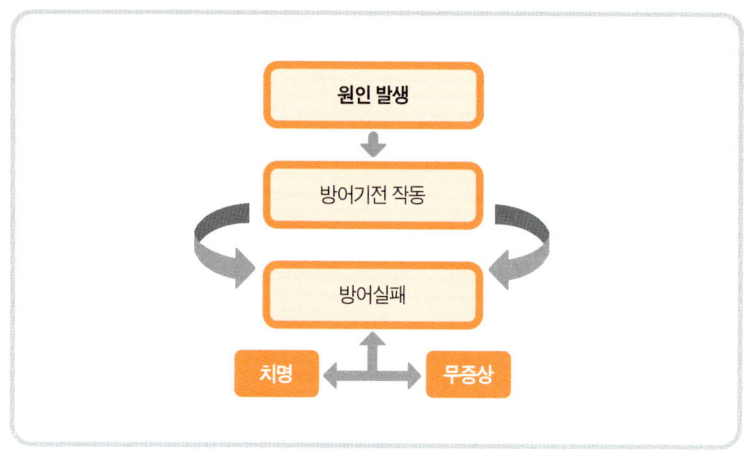

폐렴 발생 기전

폐렴의 사망원인이 이렇게 증가한 가장 큰 이유는 노인 인구의 증가이다.

노인 폐렴은 일반적인 폐렴의 임상 증상으로 나타나지 않을 때가 있다. 따라서 노인의 폐렴과 치명적인 폐렴의 특징을 잘 알아 두는 것이 중요하다. 특히 급성 노인성 폐렴, 치명적 폐렴의 경우에는 하루 만에 생명을 잃을 수 있다.

기저질환이 있는 노인의 경우 얼마나 빨리 폐렴을 진단하고 적절한 치료를 하느냐에 따라서 그 결과는 매우 달라진다. 폐렴은 대부분 열이 나고 기침과 가래를 동반한다. 젊은 사람의 폐렴은 매우 심각한 증상을 동반한다. 노인성 폐렴이 중요한 이유는 열이 안 나는 경우가 있어서이다. 심지어 기침도 없을 수 있다. 노인 폐렴의 특징을 7가지로 요약하자면 다음과 같다.

1) 기침이 없을 수 있다.

2) 정상 체온일 수 있다.

3) 전신 쇠약감.

4) 입맛이 없는 증상.

5) 가슴이 답답하다.

6) 어지럽다.

7) 소화불량과 딸꾹질.

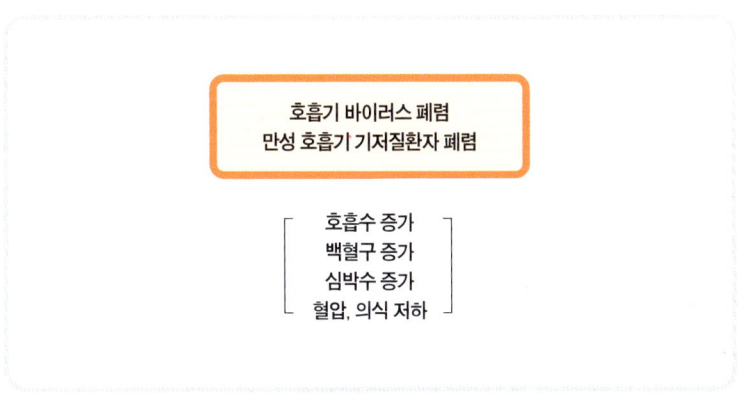

치명적 폐렴의 특징

이 글을 읽는 독자들의 생각 중에 여러 가지 다양성이 있을 수 있을 것이다. 가장 황당한 이야기가 7번이 아닐까? 딸꾹질?
폐렴인데 열이 없고 기침이 없고 딸꾹질의 증상으로 나타날 수 있다고?

하지만 사실이다. 딸꾹질이 폐렴의 다양한 증상 중 하나일 수 있다.

폐의 염증이 횡격막을 자극하여 딸꾹질을 유발할 수 있다. 이러한 증상을 환자가 폐렴으로 인지하기는 거의 불가능하다.

우리는 정보의 홍수 시대에 살고 있다. 이러한 시대에 우리는 잘못된 정보로 손해를 입을 수 있다. 전문가의 정확한 식견識見이 담긴 정보를 잘 선택하여 알아 두는 것이 중요한 이유이다.

치명적 폐렴이 잘 걸리는 위험인자가 있다. 이러한 위험인자를 정리하면 다음과 같다.

1) 기관지 천식
2) 만성폐쇄성폐질환 COPD
3) 기관지 확장증
4) 폐섬유화증
5) 당뇨
6) 심부전
7) 신부전
8) 암 환자
9) 면역저하제 투여 환자
10) 70세 이상 노인

위에 말한 치명적 폐렴의 위험 인자 중에서 특히 '1)-4)'가 위험하다.

즉 기존의 폐 질환이 동반된 경우의 폐렴은 치명적 폐렴으로 발전할 가능성이 있다. 치명적 폐렴의 증상은 무엇일까?

치명적 폐렴의 증상 중 가장 조심해야 할 증상은 열이 없거나 열이 떨어지는 경우이다. 열이 없다고 폐렴을 배제하면 안 된다.

치명적 폐렴의 또 다른 특징은 의식의 변화이다. 폐는 인간의 호흡을 담당하는 해부학적 장기인데 폐렴에 걸릴 때 의식의 변화가 나타날 수 있다는 사실은 매우 중요하다. 의식의 변화가 마치 정신과의 문제로 오인될 수 있기 때문이다. 치매 환자와 같은 이상한 말을 할 수도 있다. 치명적 폐렴은 혈압이 저하되기도 한다. 폐렴이 동반된 환자는 어떻게 병원을 찾아올까?

환자는 증상이 있어야 병원으로 온다.

건강검진은 어떤 증상도 없이 말 그대로 검진을 위해 병원을 방문한다. 병이 있다고 해서 모두 증상이 있는 것도 아니다. 고혈압은 초기에 아무런 증상이 없다. 고혈압은 우연히 혈압을 측정해서 혈압이 높다는 것을 알게 된다. 당뇨병도 초기에는 증상이 없다. 당뇨병이 진행될 때 입이 마르고 살이 빠지고 소변을 자주 보는 증상이 나타난다. 고콜레스테롤혈증도 아무 증상이 없다. 증상이 없으나 치료하지 않을 경우, 심혈관 질환이나 뇌혈관 질환을 유발할 수 있다.

증상이 없는 경우에도 질환이 진행되어 진단될 수 있는 위험성이 있지만 다른 질환의 증상처럼 나타날 때, 잘못된 진단으로 환자가 위험에 노출될 수 있다. 폐렴의 입원 기준은 소위 'CURB'라고 하는 기준에 근거한다. C는 Consciousness, U는 Urea, R은 Respiration, B는 Blood pressure 영어의 약자이다. 즉 의식의 저하와 신장 기능의 악화, 호흡수가 빨라지고, 혈압이 떨어지는 경우 입원 치료가 원칙이다.

폐렴은 신생아나 영유아부터 젊은이, 고령의 노인까지 어떤 연령대라도 걸릴 수 있는 아주 흔하고 위험할 수 있는 질환이다. 인간이 피할 수 없는, 마주할 수밖에 없는 질환이다.

03
서울대 병원을 가는 것이 최선일까?

폐암은 다양한 암 중에서 사망률 1위를 차지하고 있는 암이다.

왜 폐암은 암 사망률 1위의 암인가? 3가지 이유를 말할 수 있다.

첫 번째는 폐암의 조기 진단이 매우 어렵다는 데 있다. 두 번째 이유는 폐암 자체의 분자생물학 分子生物學 적 이유에 있다. 세 번째 원인은 근치적 완치 根治的 完治 가 어렵다.

그렇다면 폐암 조기 발견이 왜 어려운 것일까?

단순 흉부 사진 촬영이라는 간단한 검사에서 종양이 발견되지 않기 때문이다. 혈액검사 종양표지자 검사인 'Cyfra21-1' 등의 검사도 폐암의 조기 발견에는 한계가 있다. 환자의 가래에서의 세포진 검사가 있으나 '세포진' 검사도 폐암의 조기 발견에는 한계가 있다.

의사들이 폐암의 조기 발견을 위해서 40여 년 동안 연구한 결과 저선량 흉부 CT 촬영의 검사 방법이 폐암의 조기 발견에 임상적 의미가 있다는 것이 밝혀진 이후 학계에서 정설로 받아들이고 현재는 저선량 흉부 CT 촬영의 검사를 통해서 조기 폐암 진단을 의심하고 조직검사를 해서 폐암을 확진한다.

폐암은 조직학적 형태에 따라서 소세포폐암과 비소세포폐암으로 나눈다. 비소세포폐암은 다시 선암과 편평세포폐암, 대세포폐암으로 분류한다.

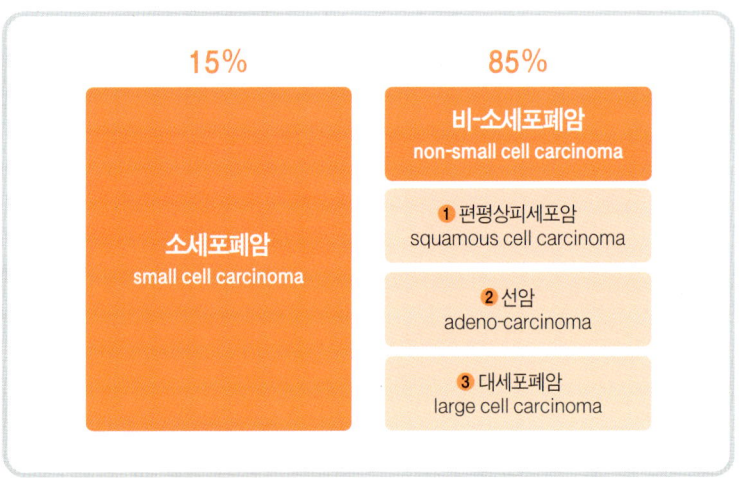

폐암의 분류

소세포폐암은 매우 특이적인 폐암이다. 소세포폐암의 병기는 제한기암세포가 폐 한쪽에 국한되어 있는 경우와 확장기폐의 한쪽을 벗어나 있는 경우로 분류를 한다. 소세포폐암의 매우 중요한 특징은 다음과 같다.

1) 조기 진단이 매우 어렵다.
2) 급속한 전이 속도를 보인다.
3) 초기 항암제에 대한 반응이 좋다.
4) 치료 이후 암의 증가가 빠르다.
5) 소세포폐암의 95%는 흡연자이다.
6) 폐암의 여러 가지 형태 중 가장 나쁘다.
7) 폐암 중 뇌로 전이가 가장 잘 되는 암이다.
8) 유전자 변이가 발견된 것이 없다.

병기에 따른 치료 옵션은 '제한기'의 치료는 항암제 치료와 방사선 치료를 동시에 치료하는 방법을 사용하고 '확장기'의 치료는 항암치료를 한다.

독자들은 확장기가 더 진행된 암이라서 항암치료와 방사선 치료 두 가지를 동시에 하는 것이 맞을 것 같다고 생각할 수 있으나 확장기 소세포폐암은 이미 암세포가 전신에 퍼져서 방사선이 표적으로 해야 하는 신체 대상이 전체 몸이 되기에 방사선 치료를 할 수가 없다.

소세포폐암 치료에 있어서 독자들이 놀랄 사실은 눈부신 의학의 발전에도 불구하고 40년 전에 사용하던 항암제가 2024년 4월 현재에도 같은 약이 반복되어 사용되고 있다는 현실이다.

에토포시드와 시스플라틴이라는 세포독성 細胞毒性 항암제가 40년 동안 쓰여 왔다. 한 가지 고무적인 사실은 '티센트릭'이라는 면역 免疫 항암제가 개발되어 치료에 사용하고 있다는 것이다.

> 1. 에토포시드
> 2. 시스플라틴
> **3. 티센트릭(면역 항암제)**

2024년 현재 소세포폐암의 3제 표준치료제

면역세포免疫細胞란 우리 몸 안에 있는 T 세포의 항암치료 효과를 도와주는 역할을 한다. 암세포癌細胞는 자연 항암효과의 T 세포에 대하여 "면역회피免疫回避" 현상을 일으켜서 T 세포의 공격을 회피한다.

면역 항암제는 암세포가 'T 세포'를 회피하지 못하도록 작용하여 'T 세포'가 암세포를 죽일 수 있도록 도움을 주는 획기적劃期的인 항암제이다.

> 우리 몸 안의
> **T세포**를 활성화시킴

면역 항암제란?

> 암세포는 **돌연변이 유전자 항원**을 갖고 있다.
> (이러한 암세포의 돌연변이 항원을 **T세포가 공격**)
>
> 암세포는 T세포의 공격을 방해하기 위해서
> **면역체크포인트 단백질(PDL-1)을 발현**한다.
>
> **면역항암제**는 암세포가 발현하는 **PDL-1과 결합**하여
> 우리 몸 안의 **T세포가 암을 공격**할 수 있게 한다.

T세포와 암세포의 상호관계

45년 동안 흡연을 한 남자다. 5년 전부터 호흡곤란과 기침 가래가 있어서 동네 병원과 준종합병원에서 기관지 천식과 만성폐쇄성폐질환COPD으로 치료를 받았다. 최근 6개월 전부터 증상이 더 심해져 우리 병원으로 왔다. 흡연을 많이 했고, 기존에 만성폐쇄성폐질환COPD이었다.

의사는 환자가 치료를 받고 있을 때 그 환자의 증상이 없어지지 않거나 임상적 증상이 나빠질 때, 반드시 그 진단과 치료가 맞는지를 의심해야 한다.

"나는 생각한다. 고로 나는 존재한다."라는 말은 프랑스의 철학자 '르네 데카르트'가 말했던 명언이다. 철학자哲學者의 생각이 정리된 이 명언은 1641년에 발표되었으니 지금으로부터 383년 전의 근대철학近代哲學의 토대土臺가 된 명언이다.

철학哲學의 출발점出發點이 되는 원리原理, 모든 걸 의심할 수 있고 일

체─體가 허위虛僞라고 생각할 수 있어도 그와 같이 의심하고 생각하는 인간의 존재를 의심할 수는 없다고 생각하는 나의 자기 확실성確實性을 표현表現하는 명제命題이다.

"나는 생각한다."라는 말에 반응하여 "나는 존재한다."라는 말은 직관적으로 파악되는 것을 표명한 것이다.

의학醫學은 자연과학自然科學의 영역이지만 인문학人文學과도 밀접한 관계가 있다. 과학적 근거科學的 根據를 구하고 증거證據를 찾고 원인을 찾아 그 원인을 객관적客觀的으로 분석分析하여 치료하고, 치료의 정량화를 통해서 통계적統計的 유의성에 도달할 때 의사들은 그것을 표준적 진단 방법標準的 診斷 方法과 치료治療라고 한다. 그리고 그 규칙을 적용하여 환자를 진료하고 치료한다. 그러나 여기서 중대한 오류誤謬가 있을 수 있다.

의사 자신이 처음에 객관적 사실, 과학적 증거라고 생각했던 출발점에서의 잘못이나 혹은 출발점은 정확正確했으나 환자의 치료 과정에서 새로운 변수變數가 등장할 수 있다.

이 순간, 환자는 위기危機에 빠지고 의사는 난관難關에 직면直面한다. 이때, 다양한 원인의 발생에 대하여 의심을 하여야 한다.

의심疑心하는 의사는 환자를 살릴 수 있고, 의심하지 않는 의사는 환자를 잃는다.

즉 질환에 대한 전반적인 진단의 과정과 치료 과정, 환자의 반응 여부를 확인하고 의심하며 생각해 볼 때, 의사는 존재하는 것이다.

의료는 사람을 대상으로 하기에 철학적이며 인문학적이지 아닐 수 없는 이유이다. 이 환자의 진단명은 맞았고 그 진단명에 대한 치료도 맞았으나 다른 중요하고 심각한 병이 발생할 위험성危險性이 높다는 사실을 간과看過한 것이다.

만성폐쇄성폐질환COPD 환자는 폐암 발병의 위험성이 높다. 흡연 자체가 폐암 발병의 위험인자危險因子이며, 만성폐쇄성폐질환COPD 자체가 폐암 발생의 위험인자危險因子이다.

이 환자는 나이, 흡연, COPD, 치료해도 나빠지는 증상을 고려할 때 폐암 발병의 위험성을 인지하고 의심해야 했다.

폐암의 진단은 단순 흉부 사진이나 폐기능 검사로 안 된다.

흉부 CT와 기관지 내시경을 통한 조직검사를 해야 정확한 진단이 된다. 이 환자의 진단은 소세포폐암 확장기로 진단되었다. 진단 후 치료를 해야 한다. 폐암의 여러 종류 중 가장 예후가 나쁜 소세포폐암의 확장기 상태로 진단되었다. 확장기이므로 항암제 주사 치료를 해야 한다.

좋은 의사란 누구인가? 소위 말하는 '명의名醫'란 어떤 의사일까?

나는 이 환자의 진단을 매우 신속하고 정확하게 진단을 내려 주었고 치료는 항암치료라고 말했다.

환자와 보호자가 말했다.

"서울대 병원에 입원할 수 있도록 의뢰서를 작성해 주세요."

이 환자의 집은 부산이었다. 서울대 병원 종양내과에 예약 일을 알아보았다. 3개월 후, 예약이 가능하다고 한다. 나는 다시 환자와 보호자에게 말했다.

지금 상태는 서울의 유명한 병원을 선택하는 것이 중요한 것이 아니고 가장 빨리 항암 주사제 치료를 받을 수 있는 병원을 선택하는 것이 중요하다고 설명했다. 그 이유도 자세하게 설명을 했다.

서울대 병원에서 치료하는 항암치료제나 부산에 있는 부산대 병원, 백병원, 동아대 병원, 고신대 병원에서 선택하는 항암제 주사 치료제는 똑같은 약제라고 설득했다.

약제藥劑가 똑같으니 효능效能도 같다. 하지만 유명한 병원에서 치료를 받겠다고 3개월을 기다리는 것은 환자의 남은 생명의 불씨마저 꺼 버리는 어리석은 선택이라고 설득했다.

환자는 모른다. 본인이 어떤 병에 걸렸을 때 어떻게 행동해야 하는지 알 수가 없다. 의사도 모르는 경우가 있다.

그래서 좋은 의사는 정확한 진단만 한다고 좋은 의사가 아니다. 병의 자연 경과와 그 병에 대한 치료의 선택이 어떠한 것이 있으며 현재 상황에서 어떤 병원病院을 선택하는 것이 최우선인지에 대한 통찰력洞察力을 갖고 있어야 좋은 의사이다.

의사醫師가 철학적哲學的이며 인문학적人文學的인 소양素養을 갖고 있어야 하는 근본적根本的 이유이기도 하다.

04
지성이면
감천(感天)이다

'지성이면 감천이다'라는 속담이 있다.

아무리 불가능한 일이라도 의지意志와 신념信念을 갖고 끝까지 포기하지 않으면 결국 이루어진다는 교훈教訓이 담겨 있는 속담으로 지극한 정성은 하늘도 감동한다는 뜻이다.

비슷한 영어 속담으로는 '하늘은 스스로 돕는 자를 돕는다 Heaven helps those who help themselves'와 '뜻이 있는 곳에 길이 있다 Where there is a will, there is a way'라는 말이 있다.

2024년 2월의 어떤 하루.

그날도 매우 바쁜 일상의 날을 보내고 있었다. 진료는 오전 7시 30분부터 시작된다. 진료의 시작은 곧 전쟁 같은 하루의 시작이다.

화장실에 갈 시간조차 없다. 예약된 중환자와 호흡기질환자뿐 아니라 예약하지 않고 오시는 호흡기환자가 많다.

'고운숨결내과'는 의료전달체계醫療傳達體系로 분류하면 1차 의료기관이다.

쉽게 말하면 동네에 있는 개인 의원이다. 동네에 있는 개인 의원인데도 불구하고, 오는 환자들은 동네 주민들만 오는 것이 아니다. 대한민국 전 지역에서 환자가 온다. 부산이나 목포는 고속열차라는 교통수단이 있으나 그래도 너무 놀랍고 고마운 일이다.

제주도에서 비행기를 타고 오시는 환자, 울릉도에서 뱃길을 이용해 포항을 거쳐 차를 타고 오시는 환자, 완도에서 오시는 분, 땅의 끝 마을 해남에서 오시는 분, 강원도, 충청도, 경북, 경남, 전북, 전남, 세종시, 대전시, 전국 방방곡곡全國 坊坊曲曲에서 내원한다.

진료가 마무리되어 가는 오후 4시 무렵 우리나라 빅5 병원 중의 한 곳인 '폐암 항암 종양 센터'에서 일하시는 교수님과 통화를 했다. 한 달 전부터 나와 통화하려고 여러 차례 시도했으나 연결이 잘 안되었다고 했다. 전화통화의 내용은 간결하고 단순했다.

'고운숨결내과'에서 기관지 내시경 조직검사를 했던 환자가 그 병원의 '폐암 센터'로 항암치료를 받으러 갔다. 대학병원의 항암센터 교수진들이 개인 병원에서 어떻게 기관지 내시경 조직검사를 시행할 수 있는지

의문疑問이 있었으나 조직검사의 결과結果를 보고, 내게 연락을 한 것이다.

격려나 궁금증의 해결 차원이 아니라 그 대학병원의 폐암 의심 환자들을 '고운숨결내과'로 전원하여 기관지 내시경 검사를 통한 폐암 조직검사를 의뢰하는 협력병원協力病院 관계를 갖자고 제안한 것이다.

위에서 한 말은 의사가 아닌 사람들은 무슨 말인지 정확하게 이해할 수가 없을 것이다. 그러나 의사들이 위의 말을 들으면 믿을 수 없는 일대사건-大事件이라 놀랄 것이다.

대학병원大學病院, 그것도 국내 빅5 중의 하나인 폐암 최대 센터를 운영하는 곳에서 성북구 안암동의 개인 의원인 '고운숨결내과'로 폐암 환자의 조직검사를 의뢰한다는 사실은 지금까지 대한민국의 의료사醫療史에 전무후무前無後無한 역사적 사건歷史的 事件이다.

위나 대장 내시경은 그럴 수 있다. 하지만 기관지氣管支 내시경 검사를 대학병원에서 개인 의원으로 의뢰하는 것은 처음 있는 일이다.

그 병원의 규모를 알기에 걱정도 많았다. 규모가 크기 때문에 다양한 폐암 환자들이 있을 것이고 다양한 폐암환자肺癌患者들이 있다는 것은, 그만큼 어렵고 위중危重한 환자들이 많다는 것을 직감적直感的으로 알았다. 최선을 다하겠다고 말씀드렸다.

대학병원大學病院에서 오시는 환자들은 어려운 환자였다. 기관지 내시경을 통한 폐암의 조직검사에서 가장 유념有念해야 할 것은 폐암이 생긴 해부학적解剖學的인 위치位置이다. 해부학적인 위치가 편한 곳에 있는 경우, 출혈出血을 유발할 수 있는 약을 먹고 있거나, 뇌졸중腦卒中을 앓거나 심장이 안 좋은 환자들이었고, 기저질환基底疾患이 없는 환자는 종양腫瘍의 발생 위치가 매우 어려운 위치에 있었다.

중증의 기관지 확장증氣管支 擴張症 환자의 '기관지 내시경' 검사도 어려우나 폐암 환자의 경우에는 충분한 조직을 채취採取해서 해부병리과解剖病理科 교수에게 보내기 때문에 더 어렵다.

왜 충분한 조직검사가 중요한 것일까?

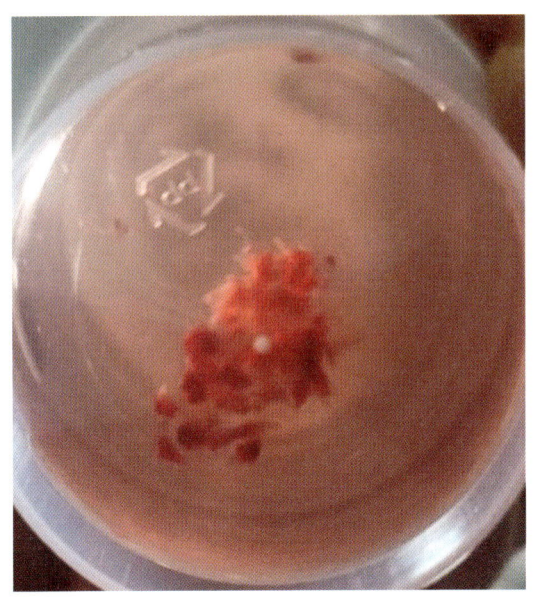

폐종양에서 20조각 이상의 조직을 떼어 낸 사진

치료治療 항암제를 선택할 때 폐암의 여러 가지 형태뿐 아니라 항암제를 선택할 때 매우 중요한 기준이 되는 기준점을 찾기 위해서 유전자 돌연변이遺傳子 突然變異 검사가 필요하기 때문이다.

특히 폐암 중에 선암adenocarcinoma의 경우에는 유전자 돌연변이 존재의 차이가 그 사람의 생명을 좌지우지左之右之할 정도로 중요하기 때문에 조직을 많이 떼어서 충분한 폐암 세포를 확보한 후 유전자 돌연변이 검사를 해야 하기 때문이다.

유전자 돌연변이遺傳子 突然變異 중에서도 가장 유명하고 치료에 도움이 되는 유전자가 '표피 성장인자 수용체EGFR'라는 유전자이다.

EGFR 유전자 돌연변이遺傳子 突然變異는 오직 폐암肺癌에서만 나타나는 독특한 유전자 돌연변이다. 다른 암에서는 나타나지 않는다.

EGFR이라는 유전자가 있는 경우에는 표적항암제가 매우 잘 듣는다. 표적항암제는 세포독성 항암제와 달리 암세포의 유전자를 목표로 암세포만 사멸하는 항암효과를 나타내서 부작용이 적고 치료 효과가 월등하다.

이러한 표적항암제도 1세대 표적항암제부터 4세대 표적항암제까지 개발되어 치료에 이용하고 있다. 자랑스럽게도 대한민국의 유한양행이라는 제약사가 개발한 3세대 표적항암제 '렉라자'는 치료 효과가 우수하여 외국의 3세대 표적항암제와 비교하여 손색遜色이 없다.

23년 전 '진성림 내과'로 개원하고 19년 전 '고운숨결내과'로 병원의 이름을 바꾸면서 호흡기질환 呼吸器疾患에 집중 集中하여 여기까지 왔다.

2006년도에 우리나라 최초 最初로 '개인병원 個人病院'에서 기관지 내시경 검사를 시행한다고 했을 때, 의사들이 믿지를 않았다. 환자들은 이 검사

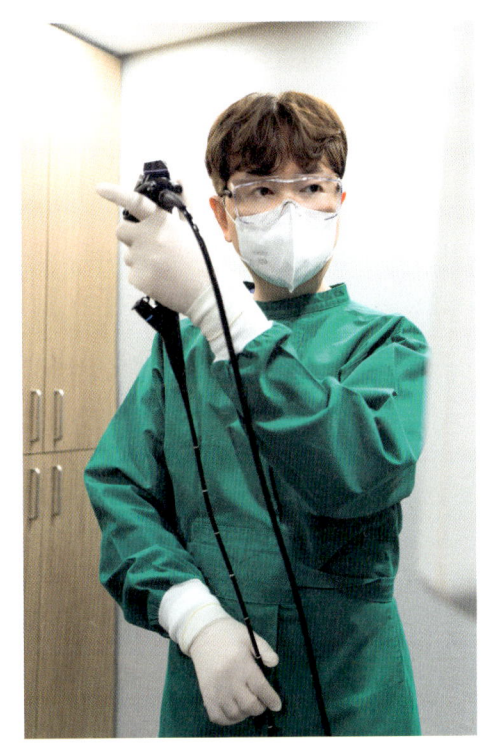

기관지 내시경 검사 시술 중인 진성림 원장

가 얼마나 힘들고 숙련 熟練된 기술 技術이 필요하며 합병증 合倂症 발병 시 응급처치 應急處置를 해야 할 부담 負擔이 어떠한지 모른다.

의사들은 매우 잘 안다. 그래서 의사들이 처음에는 믿지를 않았다. 지성이면 감천이라는 속담은 내게 정말 가슴 깊이 와닿는 말이다. 기관지 내시경 검사를 시행하면서 보람과 기쁨, 뿌듯함이 있었으나 엄청난 스트레스로 마음고생도 많이 했다.

19년 시간이 흐른 후 국내 최고이며 아시아 최대 폐암 센터의 대학병

원에서 '고운숨결내과'의 기관지 내시경 검사의 정확성正確性과 신속성迅速性, 신뢰도信賴度를 인정해 주는 오늘이 오기까지 나를 비롯한 우리 병원 직원病院 職員들의 고생苦生이 많았다.

기관지 내시경 검사를 잘 준비해 주고, 극도極度의 긴장감緊張感으로 예민해진 원장을 매일 도와주고, 응급상황 시 일사불란一絲不亂하게 자신들의 맡은 임무任務를 잘 수행해 주어서 오늘의 영광榮光이 있는 것이 아닐까?

고운숨결내과의 빛나는 인재들이 있어서 오늘의 내가 있다.

05
환자의 말 속에 진단명이 숨어 있다

2024년 현재 의사가 증상이 있는 환자를 진료할 때 가장 중요한 것이 무엇일까?

CT 촬영이나 MRI 촬영 또는 초음파검사나 내시경 검사인가? 놀라운 사실이지만 내과계 수술을 하지 않고 약과 주사로 병을 치료하며 수술이 필요한 진단을 찾아내서 각 외과로 전원하는 일을 주로 하는 과의 진단에서 가장 기초적이고 중요한 점은 환자가 말하는 이야기이다.

조심해야 할 것은 환자는 다양한 증상을 말하는데 그 다양한 증상 중에서 현재 환자의 상태와 밀접한 이야기를 취사선택 取捨選擇 하여 핵심적인 증상에 다가갈 수 있는 노력이 내과 의사에게 필요하다.

숨이 매우 차는 증상이 가장 대표적인 환자의 현재 임상 증상인데 환자는 소화불량 消化不良 의 말부터 하기 시작할 수 있다. 흉부 통증이 현재 가장 중요한 증상인데 기침을 말하는 환자도 있다.

한마디로 환자는 의학 교육을 받지 않았고 더욱이 의학적 지식을 갖고 다른 사람을 도와준 경험이 없다. 따라서 자신의 증상을 모두 다 의사에게 말한다. 인터넷 시대의 넘쳐 나는 정보 속에는 우리 삶에 도움이 되는 정보도 있으나 아무런 가치도 없고 심지어 우리 몸을 해칠 수 있는 정보도 넘쳐 난다. 홍수와 같은 정보의 넘침 속에서 현명한 소비자는 진실의 정보와 거짓된 정보를 구분한다.

의사가 환자의 증상을 들을 때도 마찬가지이다. 환자는 자신의 상태를 정확하게 모르기 때문에 자신의 불편한 증상을 두서頭緖 없이 나열한다. 배가 아프다고 했다가 가슴이 아프다고 말하기도 하며 숨이 찬다고 하다가 흉부 통증을 호소하기도 한다. 두통을 말하다가 기침을 호소하며 가래가 나온다고 말하다가 등 부위가 결린다고 말하기도 한다. 환자가 말하는 것을 아무런 간섭干涉 없이 계속 듣기만 하면 의사는 헷갈리기 시작한다.

환자를 처음 만난 의사는 가장 먼저 알아내야 할 정보가 환자가 왜 의사를 찾아왔는지를 알아야 한다. 부부싸움을 한 후 화가 나서 내과 의사를 찾는 경우는 거의 없다. 친구와 싸운 후 서운하다고 내과를 찾아오는 환자도 없다.

다시 말하면 내과 의사를 찾아오는 환자는 실제로 몸의 어딘가가 아파서 오는 환자가 90%를 넘는다. 이제 교통정리를 해 주어야 할 의사의 시간이다. 뒤엉켜 버린 교통정리를 얼마나 깔끔하게 할 수 있는가는 내과 의사의 유능有能함에 달려 있다.

교통정리의 첫째 핵심은 바로 가장 중요한 증상을 찾아내는 것이다. 의사들은 그것을 주요 증상 Chief Complaint 이라고 말한다. 주 증상을 알아내는 것은 환자를 치료할 가장 기본이 되기 때문에 매우 중요하다. 환자의 주 증상에 따라서 호흡기질환, 심장의 문제, 소화기계통 질환 또는 내분비나 신장계 질환으로 나뉜다.

74세 여자 환자는 흉통이 동반되어 나를 찾아왔다. 이 환자는 개원 첫해인 2001년에 왔던 환자이고 나와의 친밀도가 높은 환자였다. 의사와 환자의 친밀도가 높다는 것은 진료할 때 매우 중요한 자산이다.

흉부 통증과 기관지 부위 이물감과 통증이 있다고 했다. 기침, 호흡곤란은 없고 흉통과 기관지 이물감의 증상은 여러 가지 호흡기질환에서 나타날 수 있는 질환이나 대부분 기침과 숨이 차는 증상을 동반하고 흉통과 기관지 이물감만 있는 경우는 흔하지 않다. 다시 자세하게 가지치기 질문을 했다.

가지치기 질문이란 나무의 곁가지를 쳐 나가면서 점차 핵심적인 주요 줄기에 도달할 수 있도록 하기 위한 섬세한 질문이다. 섬세한 질문에서만 그친다면 아무런 도움이 안 된다.

의사가 섬세한 질문을 하는 이유는 다른 질환을 배제하면서 결국에는 현재의 증상을 유발하는 최초의 원인을 찾기 위함이다. 환자가 흉통을 호소할 때 진료한 의사는 2가지 응급상황을 생각해야 한다.

첫째는 심혈관 질환이 있는지 확인해야 하고 둘째는 호흡기 응급질환의 여부를 확인해야 한다. 검사로서 확인하는 것이 최종 목표이나 이미 흉통의 양상을 들어 보면 응급상태 여부를 어느 정도 알 수가 있다.

응급상태의 흉통은 환자의 얼굴에 잘 나타난다. 환자의 얼굴을 보는 순간 응급상태임을 추론할 수 있다. 심장 질환의 흉통은 잠시 아팠다가 사라지는 양상을 보인다.

심근경색의 흉통은 그냥 흉통이 아니라 가슴이 터지는 날카롭고 둔탁한 흉통이 같이 찾아온다. 흉통 이외의 증상도 분명하다. 식은땀이 나고 정신이 몽롱해지고, 흉통이 너무 심해 허리를 굽히는 자세가 나타난다. 호흡기질환 응급상태의 흉통은 호흡곤란이 자주 동반되고 기침도 동반되며 흉통의 부위가 국소적이지 않고 전반적인 흉통이거나 숨을 깊게 들이쉴 때의 흉통이다.

이 환자의 흉통은 응급 심혈관 질환이나 호흡기질환의 흉통 양상이 아니었다.
그래도 가장 기본적인 심전도 검사와 흉부 사진 촬영은 해야 한다. 두 가지 검사 모두 정상으로 나왔다. 나는 한숨을 돌리고 다시 환자에게 꼬치꼬치 캐묻기 시작했다. 흉통이 처음 발생했을 때 상황에 대하여 이런저런 질문을 하던 중에 환자가 지나가는 말로 이렇게 말했다.

"생선찌개를 먹고 나서 흉통이 시작된 것 같아요." 환자는 지나가는 말처럼 했으나 나는 '옳구나! 이거다!' 흉통의 원인을 알 수 있을 것 같았다.

직원들에게 위내시경 검사 준비를 하라고 지시했다. 직원들은 어안이 벙벙한 표정을 지으며 위내시경 검사를 준비해요? 재차 내게 확인을 했다. 위내시경 검사 준비를 하고 조직 검사할 때 사용하는 장비인 겸자forceps 장치철사로 길게 늘어선 기구 끝에 조직 검사할 때 사용하는 작은 집게가 달린 의료장치도 준비하라고 했다.

의아했던 직원들의 표정이 '우와!' 하며 감탄의 소리로 바뀐 것은 위내시경 검사를 시작한 지 얼마 지나지 않을 때였다. 위내시경 검사를 통해 인후 부위와 편도 부위를 자세하게 살피었다. 깨끗했다.

식도 부위로 진입하는 순간, 상부 식도의 내부를 가로질러 웬 이물질이 걸려 있었다. 그냥 걸려 있는 상태가 아니고 양측의 길고 뾰족한 이물질이 상부 식도의 양옆으로 박혀서 꼼짝하지 않고 있는 상태였다.
전공의 사직 사태로 대학병원의 진료 기능이 원활하지 못하고 있을 때였기 때문에 내가 식도에 박힌 저 정체불명의 이물질을 제거해야 했다.

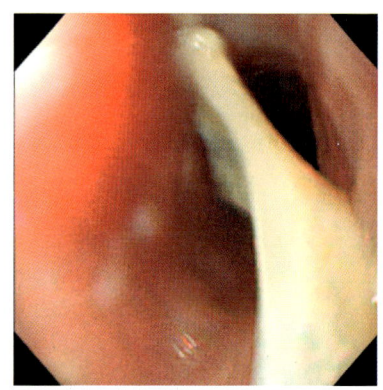

위내시경 검사: 상부 식도에 걸린 생선 가시; 식도 점막에 박혀 위험한 상황

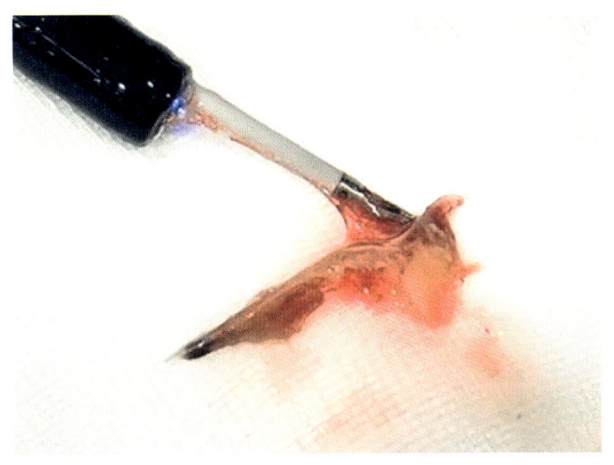

위내시경 조직검사 기구를 이용하여 날카로운 생선 가시를 제거한 사진

나는 호흡기내과 전문의라 위내시경 검사보다 기관지 내시경 검사를 더 잘하고 자신 있다. 기관지 안에 들어간 이물질을 제거하는 것은 내시경 검사를 하는 의사들이 최고의 실력으로 인정할 정도로 매우 어렵고 위험하다.

이전 책에서 밝혔으나 기관지 안에 세 개의 의치가 박힌 것을 기관지 내시경 검사를 통해서 제거한 적도 있다.

노인 환자가 6개월 이상 흉통으로 세 곳의 대학병원과 여러 곳의 '개인병원'을 다녔다. 심혈관 계통의 검사만 하고 심장 질환으로 오인 후 심장 약 처방을 받았던 환자다. 기관지 내시경 검사를 통해 '아귀찜'의 매우 큰 가시가 좌측 상엽 기관지에 박혀 있던 것을 제거했다.

그런데 이번에는 식도에, 그것도 식도 점막이 얇은 상부 식도에 꽉 박힌 정체불명의 이물질을 꺼내야 하는 상황이 온 것이다. 참으로 별의별 환자를 다 경험한다. 소화기내과에서 해야 할 일인데 전공의 사직 사태와 대학병원 진료 축소 상태로 인해 제때 제거하지 못한 것이다. 즉시 제거하지 않으면, 식도 이물질로 인해 식도 파열로 진행되고 생명을 잃을 수도 있었다.

식도 이물질을 꺼내는 시술은 예사롭지 않은 시술이다. 식도의 점막은 아주 얇아서 조금만 상처를 받으면 식도 파열이 일어난다.

식도 파열은 수술해야 하는 중증 질환이 된다. 조심스럽게 이물질을 겸자로 잡은 후 성공적으로 이물질을 제거했다. 이물질을 확인하는 순간, 내시경실의 직원들과 다 같이 놀라움을 금치 못했다. 생선의 가시 첫 부분과 끝부분이 매우 날카로운 상태였다. 저렇게 날카로운 부분이 식도의 양측 점막에 박혀 있던 것이다. 아찔했다. 식도 파열의 위험성이 더욱 높았던 상태였으나 식도에 박힌 가시를 잘 제거할 수 있었다.

큰 교훈을 얻는다.

환자가 말하는 증상에 대한 이야기를 얼마나 세심하게 듣고 신속한 판단과 빠른 대처가 필요한 것인지 다시 가슴 깊이 깨닫는다.

그러기 위해서는 의사의 뛰어난 순발력과 기술이 중요하다.

그러나 더 중요한 것은 환자의 어떤 증상을 마주했을 때 그 증상이 나타나는 응급질환에 대한 해박한 지식이 있어야 하고 응급질환만이 아니라 다양한 임상적 상황이 발생할 수 있다는 의학적 지식의 범주가 중요하다.

또한, 의심되는 질환에 대한 확신이 생겼을 때 두려워 말고 용기를 갖고 시술을 할 수 있는 배짱과 실력이 필요하다.

의사는 이 사회에 꼭 필요한 존재이다. 필요한 존재의 가치답게 의사 스스로 세상에 부끄럼이 없는 자세로 삶을 살아야 하지 않을까?

[제3장]

친절(親切)한 의사를 조심하라

―

가난한 환자를 도와주면 범죄가 되는 우리나라

―

안목(眼目)의 중요성에 대하여

―

우이독경(牛耳讀經)의 진수(眞髓)!

―

예후(豫後: prognosis)의 역설(逆說)

―

심사평가원의 진료 적정성 평가의 허와 실에 대하여

01
친절(親切)한 의사를 조심하라

친절親切함의 사전적 의미는 대하는 태도가 매우 정겹고 고분고분하다는 뜻이며 비슷한 말로는 나긋나긋하다, 부드럽다, 곰살맞다 부드럽고 친절하다는 말이 있다. 친절함을 싫어하는 사람은 없으며 곰살맞은 사람은 주위 사람들에게 평판이 좋다.

우리의 속담에 "친절한 동정은 철문으로도 들어간다."라는 말도 있다. 이 속담의 뜻은 진정으로 염려하는 마음은 아무리 무뚝뚝한 사람에게도 전해지게 마련이라는 뜻이다. 친절함과 불친절함은 즉시 우리에게 좋은 이미지와 나쁜 이미지를 만든다.

30년 동안 의사로서 살아온 내가 왜 친절한 의사를 조심하라는 이상한 이야기를 하는 것일까?

한 걸음 더 나아가 말해 보겠다. 친절한 의사는 언제나 올바른 의사일까? 친절한 교수는 항상 좋은 교수일까? 철학적인 질문일 수 있으나 현실적인 질문이다.

여러분은 아플 때 어떤 의사를 찾아가고 싶은가? 친절하지만 그 분야의 실력이 부족한 의사를 찾아갈 것인가? 친절하지 않지만 아픈 분야의 최고 실력을 갖고 있는 전문가를 찾아갈 것인가? 우매한 질문일 수 있으나 이러한 상황은 매우 많다.

호흡기내과 전문의로서 호흡기질환의 진단과 치료에 매진해 온 나는 친절한 의사의 오류를 매우 많이 경험했다. 친절함이란 모든 사람이 갖고 있으면 좋을 유익한 덕목이다. 살아가는 데 중요한 품성이고 그 사람의 인격을 드러낼 수 있는 성품이다.

하지만 환자를 진단하고 치료하는 의사에게 친절함이란 요식행위에 지나지 않을 수 있다. 실력 있는 의사는 언제나 옳다. 의사는 항상 자신의 분야에서 최고의 실력을 발휘하기 위해 부단히 노력해야 한다. 필수의료과를 전공하고 있는 의사라면 더 그러하다.

친절함이 생명을 살릴 수는 없다. 실력實力이 환자의 생명生命을 살릴 수 있다.

실력 있고 친절한 의사는 최고最高의 의사라고 할 수 있다. 내가 여기서 강조하고 싶은 것은 20년 전부터 의료계에 불어닥친 '서비스 정신'의 부작용에 대해 말하고 싶은 것이다.

의료계에 '고객 중심의 서비스 정신'이 도입된 것은 매우 고무적인 현상이라고 생각한다. 권위주의의 상징과도 같았던 병원의 제도 안에 환자 중심의 서비스 정신이 도입된 것은 시대정신時代精神에도 맞는 유익한 현상이다. 그러나 이러한 현상이 일부의 병원과 의사들에게 잘못된 인식을 심어 주었고 환자들에게도 심각한 오해를 불러왔다.

환자들은 어떤 의사가 실력 있는 의사인지 판단하기 매우 어렵다. 의학의 특성상 의료의 지식이 없는 환자가 의사의 실력을 판단할 수가 없기 때문이다.

그래서 환자들은 친절한 의사를 선호하게 되고 친절한 의사는 좋은 의사이며, 좋은 의사이니까 실력도 최고라고 오해한다. 이러한 환자의 심리心理를 이용하는 일부의 나쁜 사람들이 있다는 것을 알아야 한다.

친절함의 탈을 쓰고 상업적인 자세로 환자를 이용하는 일부의 나쁜 의사들이 있다. 상업적인 이용이 아닌 경우 더 심각한 상황도 발생한다. 실력이 없으니 진단이 늦어진다. 진단이 늦어지는 것은 차라리 다행한 일이다.

진단이 잘못되면 치료가 잘못된다. 당연히 환자의 건강과 생명은 위기에 빠지며 심한 경우 생명을 잃기도 한다. 이런 경우는 비단 중증 환자에게만 해당되지 않는다.

가벼운 감기나 몸살로 병원을 찾은 환자가 심각한 약의 부작용에 빠지는 경우도 많다. 모든 약은 부작용이 있다. 부작용이 없는 약은 없다. 실력 있는 의사는 약을 처방할 때, 처방處方한 약의 효능效能과 더불어 발생할 수 있는 부작용副作用을 잘 알고 있어야 한다. 이 말은 어떤 약은 12세 미만의 아이에게 처방해서는 안 되는 약이고, 어떤 약은 노인에게 처방할 때 주의해야 한다는 것을 모두 알아야 한다는 것이다.

간 기능이 안 좋거나, 신장이 안 좋거나, 다른 약을 먹을 때, 약물 간의 상호작용相互作用에 대하여 모든 의학적 지식을 갖고 있어야 한다.

31세의 여자 환자다. 이 환자는 미용과 관련된 직업을 갖고 있다. 인후의 통증으로 동네 의원에 가서 약을 처방받았다. 그 동네 병원을 간 이유는 두 가지이다. 하나는 의사가 매우 친절하다는 것이다. 나의 의사 생활 30년 동안 의사가 직접 환자에게 정맥靜脈 수액주사를 시행하는 이야기는 처음 들었다. 그 병원의 의사는 필수의료 전문의도 아니다.

필수의료 의사도 말초혈관 수액주사나 영양 수액주사는 직접 놓지 않는다. 영양제나 수액주사는 간호사나 간호조무사가 놓는다. 의사가 직접 시술하는 주사는 항암제 주사이다.

말초혈관 시술은 간호사의 일이고 의사는 중심정맥 시술이나 동맥혈 검사 등의 비교적 어려운 시술을 한다. 그 병원에서 의사가 직접 영양 수액주사를 놔 주는 것은 자유이고 비난의 대상은 아니다.

하지만 시술을 하는 목적이 다른 데 있다면 비난받아야 할 행동이 된다. 또 다른 이유는 증상이 빨리 좋아진다는 평판 때문이다.

그 환자가 나를 찾아온 이유는 전신 무력감無力感과 호흡곤란呼吸困難, 얼굴의 부종 때문이다. 우리 병원을 오시는 많은 환자는 대부분 다른 병원에서 치료를 받다가 오기 때문에 다른 병원에서 복용했던 약을 확인해 보는 것이 중요하다. 환자의 처방전을 확인하고 매우 놀랐다. 31세 환자 인후의 통증에 써서는 안 되는 약이 포함된 것을 확인했다.

이 환자는 '메틸프레드니솔론'이라는 초강력 스테로이드 약을 처방받았다. '메틸프레드니솔론'은 매우 중요한 약이다. 그러나 단순 인후염일 때 처방을 하면 안 되는 약이다.

초강력 스테로이드제인 '메틸프레드니솔론'은 호흡기 내과 전문의인 나도 가끔 처방하는 약제이다. 호흡기질환의 응급상황일 때 처방하는 약이다. 부작용이 상당한 이러한 초강력 스테로이드제를 일반 감기나 단순 인후염에 처방하는 것은 한 가지 목적밖에 없다. 환자의 증상을 일시에 해결하려는 욕심欲心 때문이다.

이러한 처방형태는 환자에게 치명致命적인 부작용을 유발할 수 있으며 이러한 부작용은 돌이킬 수 없는 지경에 이르게 할 수도 있다. 생명과는 무관한 일이니 심각하지 않다고 치부할 수 있으나 이 환자에게는 생명과도 같이 중요한 일과 다름이 없다.

이러한 예는 무수히 많다. 기관지 결핵 환자에게 스테로이드 흡입제를

1년 이상 처방한 사례, 과민성 폐렴의 환자에게 스테로이드를 처방하지 않고 항생제만 오래 처방한 사례, 4기 폐암 환자의 조직검사를 하면서 폐암 유전자 돌연변이 검사를 하지 않은 사례, 곰팡이 감염인 환자에게 항염증제만 처방하여 병을 악화시킨 사례, 기관지 확장증 환자에게 항생제는 위험하다고 가래 배출을 도와주는 약만 처방한 사례 등 너무나 많다.

몰라서 그런 경우도 참을 수가 없는데 알고도 그렇게 하는 의료인도 있다. 이상하게도 이러한 의사들에게 한결같은 공통점共通點이 있다. 그러한 의사 중 단 한 명도 친절하지 않은 의사가 없다는 것이다.

의사는 연예인演藝人이 아니다.

병원은 대형 기획사가 아니다. 의사의 본질本質은 환자를 치료하는 것이고 병원의 기본基本은 훌륭한 장비와 시스템을 제공하는 것이다. 불친절한 의사도 나쁘다. 하지만 친절하면서 돌팔이 의사는 정말 나쁜 의사이다.

좋은 의사가 먼저 갖추어야 할 최고의 덕목德目이 무엇인가?

좋은 의사는 사람을 살릴 수 있는 의사이다. 환자를 살릴 수 있는 것은 친절함이 아니라 실력이다. 모든 필수의료과 의사들이 실력을 최고 수준으로 유지해야 할 이유는 환자의 생명을 다루는 의사 중의 의사이기 때문이다.

거꾸로 말해 보자. 정말 실력 있는 의사는 친절한 성품은 그냥 갖고 있다. 일부러 과장되어 친절한 태도를 보이지 않는다. 그러하니 독자들이여! 유별有別난 친절만을 강조하는 의사는 조심操心하자.

빈 수레가 요란한 법이다. 환자를 생각하며 실력 있는 의사는 호들갑을 떨지 않는다.

진정한 친절은 절제되고 정제된 친절이다.

02
가난한 환자를 도와주면 범죄가 되는 우리나라

'가난하다'라는 말의 사전적 의미는 살림살이가 넉넉하지 못하여 몸과 마음이 괴로운 상태에 있다는 상태를 나타내는 형용사이다. 비슷한 말로는 궁색하다, 궁핍하다 등의 유의어가 있다.

사전적 의미가 진실을 말하는 것은 아니다. 돈이 많아도 마음이 괴로운 상태에 있는 사람들이 많고, 마음이 편안하고 부유한 사람도 몸이 불편한 상태에 있는 사람들이 많은 것이 세상의 본 모습이기 때문이다.

이 책에서 '가난하다'라는 말은 아파서 병원에 갔을 때 돈이 부족한 사람들의 범주로 정의함을 밝힌다. 가난한 사람을 도와주는 것은 동서고금東西古今을 막론하고 인간의 착한 심성을 드러내는 아름다운 일이고 선한 일이다. 굳이 장황하게 설명하지 않아도 누구나 본능적으로 느끼는 것이다.

가난한 사람을 괴롭히는 것은 어떤가? 사람을 괴롭힌다는 자체가 나쁜 일이고 그렇게 행동하는 사람들을 경계한다. 심지어 법률로 규정하여 사람을 괴롭히는 일을 금지한다. 법률적 관계를 고려하지 않더라도 우리의 정서상 남을 괴롭히는 것은 몹쓸 짓이고 하지 말아야 할 일이라고 생각한다.

독자들이 모르는 이야기지만 공공연하게 행해지고 있는 대한민국의 의료제도에 대하여 말하고자 한다. 상식常識을 벗어나는 이러한 비윤리적이고 황당한 제도가 시행되고 있는 사실을 우리나라 모든 국민과 정치政治를 하는 사람들이 알아서 잘못된 이 제도가 하루빨리 고쳐지기를 원한다.

이 환자의 사연을 말하기 전에 독자들이 알고 이해해야 하는 건강 보험 제도에 대하여 말해야 한다.

건강보험健康保險은 의료보장醫療保障제도의 한 형태이다. 의료보장이란 사회보장社會保障제도로서 돈이 없는 환자가 의료서비스를 제대로 받지 못하는 일이 없도록 국가가 공적재정을 이용하여 의료에 들어가는 비용진단비용과 치료비용을 환자를 대신하여 지급하는 제도이다.

가난한 사람들의 건강을 지키는 차원에서 필수의료에 해당하는 질환이나 기본적인 질환에 대해 돈을 지원한다.

미용이나 비만, 성형과 같은 분야는 지원 대상에 포함되지 않는다. 조금 더 전문적으로 표현하면 사람의 생명과 연결되는 의료의 개념은 '기본권基本權' 의료이고 이에 반하는 개념의 의료는 '상품商品' 의료이다. '상품' 의료의 대표적인 예시가 '성형수술成形手術', '치아미백齒牙美白 시술', '비만肥滿 치료', '치아교정齒牙矯正' 같은 것이다.

그러나 '기본권' 의료의 범주에 속한 시술인 경우에도 보험이 적용되지 않는 법적 비급여 항목이 있다. 가장 대표적인 경우가 위내시경 검사나 대장 내시경 검사, 기관지 내시경 검사 등을 할 때 이용되는 '수면의 관리비용'이다.

수면 내시경 검사를 받을 때 사용되는 대표적인 약물인 '미다졸람'이라는 주사제는 의료보험적용이 되나 수면 내시경 검사 시, 더 필요한 직원의 인건비, 침대를 점유하고 있는 비용, 수면 상태에서 환자를 돌보는 일 등을 합쳐서 '수면의 관리비용'이라고 하며 이는 법적 비급여 대상이다.

비급여라는 개념은 급여의 반대 개념으로 국가보험재정에서 부담하지 않고 전액 환자가 부담하는 개념이다. 우리나라는 가난한 환자들의 의료비 지원을 위해 의료보호 1종 수급자와 2종으로 분류한다. 의료보호 1종 선발 대상자의 기준은 다음과 같은 3가지이다.

첫째, 기초생활 보장 수급자이다. 기초생활 보장 수급자는 근로의 능력이 없는 가구18세 미만/65세 이상, 암이나 중증 화상에 해당하는 중증 질환 등록환자, 107가지의 희귀난치稀貴難治성 질환 등록자, 시설 수급자이다.

둘째, 행려 환자이다. 행려 환자란 정해진 거주지가 없거나 해당 지역의 행정기관에 의해 병원으로 이송된 사람, 부양의무자가 아예 없거나, 있다고 해도 부양扶養을 기피하거나 부양의 능력이 없는 사람을 말한다.

셋째, 타법 적용適用자다. 타법 적용자란, 이재민, 의상자, 의사자의 유족, 18세 미만의 입양 아동, 국가 유공자, 5.18 민주화운동 관련자, 북한 이탈주민, 중요 무형 문화재 보유자, 노숙자를 말한다.

의료보호 2종 대상자는 기초생활 보장 수급 대상자이지만 1종 수급 대상자가 아닌 경우를 말한다. 또 의료보호 제도 이외에 '차상위 계층' 대상자로 분류하여 의료비를 지급하는 제도가 있다.

'차상위 계층' 대상자의 조건은 고정재산 또는 부양 가능한 가구원이 있어 기초생활 수급대상에서는 제외된 잠재적으로 빈곤한 소득층을 의미한다. 가구당 중위소득이 50% 이하이고 고정재산이 있거나 부양받을 수 있는 의무자의 소득이 있는 경우다.

미세먼지가 기승을 부린 2024년 4월. 호흡곤란과 객혈가래에 피가 나오는 현상, 만성적인 기침의 증상을 가진 환자가 진료실로 왔다. 흡연을 오랫동안 했던 환자다. 영상학적인 검사인 흉부 사진상 폐에 종양이 의심되었고 피가래와 종양이 관찰된 소견으로 폐암이 강력히 의심되었다.

폐암은 흉부 사진이나 흉부 CT 검사로 확진할 수가 없다. 의심할 수는 있으나 확실한 진단을 위해서 종양에서 조직검사를 해야 한다. 이 환자의 경우 종양의 위치가 폐의 중심 부위에 발생한 폐종양으로 기관지 내시경 검사를 해서 조직검사를 시행해야 한다.

이제부터 대한민국의 기가 막힌 의료법이 적용되는 순간이다. 기관지 내시경 검사는 사람이 받는 여러 가지 내시경 검사 시술 중에 가장 고통이 큰 검사이다. 30년 전에는 수면 내시경을 받을 때 사용되는 약이 없었던 시절이다. 그 당시 환자들이 내시경 검사를 받을 때 가장 큰 고통을 받는 내시경 검사는 바로 '기관지 내시경' 검사였다.

생각해 보라! 물이 조금만 기도 안으로 들어가도 기침이 심하게 나고 고통을 느낀다. 하물며 30년 전의 기관지 내시경 검사 기구는 지금의 기관지 내시경 검사의 기구보다 훨씬 두꺼웠다. 한마디로 쇠파이프가 기도 안으로 직접 들어가는 느낌이다. 기도만 보는 것이 아니라 기관지 구석구석까지 후비고 다닌다.

기관지 내시경 조직검사를 하는 경우 시간이 더 오래 걸리고 당연히 더 큰 고통을 느낄 수밖에 없다. 위내시경 검사나 대장 내시경 검사를 시술받을 때는 마약성 진통제를 주사하지 않는다.

기관지 내시경 검사를 시술받는 환자에게는 마약성 진통제鎭痛劑를 주사하고 검사를 진행한다. 마약성 진통제를 미리 맞고서 검사를 받아도 환자의 고통이 너무 심해 진행하지 못할 때도 있다. 환자의 의식은 또렷하고 기관지 안이 찢어지는 것과 같은 고통, 숨을 못 쉬는 것 같은 공포가 엄습해서 환자가 자기도 모르게 난동을 피울 때도 있다.

기관지 내시경 검사는 최고로 고통스러운 검사이다. 세월이 흘렀고 의학도 눈부신 발전을 해 왔다. '미다졸람', '프로포폴', '에토미데이트' 등 수면유도제와 전신 마취제의 발명으로 수면 내시경 검사가 가능해졌다.

환자들은 위내시경 검사 또는 대장 내시경 검사를 수면으로 받는다. 위내시경 검사는 수면으로 받지 않아도 참을 수 있다. 나도 위내시경 검사는 비수면으로 받아 보았다. 불편하지만 참을 수 있는 '불편함' 정도이다. 대장 내시경 검사도 비수면으로 받을 수 있으나 위내시경 검사보다 훨씬 불편하고 고통스럽다.

기관지 내시경 검사를 비수면으로 받는 것은 어리석은 일이다. 비수면으로 기관지 내시경 검사를 받을 때는 환자의 협조가 안 되어 검사가 실패할 수 있다. 조직검사를 해야 하는 상황에서는 더욱 그렇다.

환자나 의사의 관점에서 볼 때 기관지 내시경 검사는 수면으로 하는 것이 합리적이고 안전하며 정확한 결과를 얻을 수 있다.

도대체 무엇이 문제일까?

무슨 일이기에 이렇게 장황하게 이야기하는 것일까? 지금까지 말한 내용이 가난한 환자를 도와주면 법을 어기는 것과 무슨 상관이 있는가?

'수면 관리료'는 법적 비급여라고 말했다. 법적 비급여는 환자가 100% 비용을 내야 한다. 의료보호 1종 환자가 비수면 기관지 내시경 검사를 시술받게 되면 병원에 돈을 안 낸다. 잘못 말한 것 아닌가? 무료라고? 맞다. 의료보호 1종 환자는 진료비 검사비, 조직검사비 모두 다 무료이다.

기관지 내시경 검사 알고 계신가요?

Q. 기관지내시경 검사는 어떤 검사인가요?

기관지 내시경 검사는 후두부터 기관지까지의 상태를 확인하는 검사로 입을 통해 내시경을 기관지까지 삽입하여 기관지 내부를 육안으로 직접 관찰할 수 있는 검사입니다.

Q. 기관지 내시경 검사는 왜 하나요?

기관 혹은 기관지에 이물질이 끼어있어 직접적인 제거가 필요하거나,
인후두, 기관, 기관지, 폐질환이 의심될 때 정확한 진단을 위해 이검사를 실시합니다.

Q. 기관지 내시경 검사로 무엇을 확인할 수 있나요?

- 가래검사(세균, 항생제 내성검사, 결핵균, 비정형결핵균, 암세포, 이상세포검사)
- 폐암의 진단 및 병기결정
- 폐결핵 및 기관지 결핵의 진단
- 폐렴의 원인균 확인
- 객혈의 원인, 부위, 현상태 감별
- 기도 폐쇄여부의 확인
- 원인이 불분명한 만성 기침의 진단
- 기관지확장증의 진단 및 기도질환, 폐질환의 진단

고운숨결내과는 풍부한 임상경력의 실력있는 호흡기내과 전문의 의료진으로부터
최첨단 내시경장비를 통해 정밀하게 검사를 진행합니다.

기관지 내시경 검사의 안내

모든 비용은 국가에서 지급해 준다. 여기까지 이야기를 들으면 우리나라는 진짜 의료 소비의 천국天國이다. 그렇다. 전 세계에서 기관지 내시경 검사와 조직검사까지 받고서 돈을 안 내는 나라는 없다.

대한민국은 환자에게 정말 천국이다.

같은 검사를 미국에서 받는다고 하면 수천만 원 나온다. 의료보호 1종 환자가 기관지 내시경 검사를 수면으로 고통 없이 받으려고 하면 '수면관리료'에 해당하는 비급여 비용은 100% 내야 한다. 이 환자는 돈이 없다. 수면 기관지 내시경 검사를 받을 수 있는 검사 비용이 없다. 폐암을 진단하려면 반드시 기관지 내시경 검사가 필요하다. 환자가 고통 없이 정확하게 검사를 받으려면 수면으로 기관지 내시경 검사를 받아야 한다.

선택은 둘 중에 하나이다.

동전 던지기를 해서 앞면이 나오면 수면으로 하고 뒷면이 나오면 비수면으로 해야 하는가?

독자분들이 같은 상황이라면 어떻게 할까? 여러분이 의사라면 어떻게 할까? 의사가 도와주고 싶지 않을까? 모든 의사는 도와주고 싶지 않을까? 나도 당연히 그러고 싶다. '수면 관리료'를 받지 않고 무료로 수면 기관지 내시경 검사를 하면 되지 않을까?

엄청난 도움을 주는 것도 아니다. 그냥 당연히 그렇게 하고 싶고 그래야 맞다. '수면 관리료'가 몇백만 원도 아니고 미국처럼 몇천만 원도 아니다.

수백만 원이라도 도와주고 싶다. 그런데 만일 내가 의료보호 1종 환자에게 수면 기관지 내시경 검사를 무료로 해 주면 보건복지부는 의료법醫療法 위반으로 나를 고소한다. 나는 실정법을 위반한 의사가 되어 벌을 받는다.

뭐라고? 진짜냐고?

정말이다. 현행 의료법이 그렇다. 2024년 4월 현재 내가 이 글을 작성하고 있는 현재 시점에서 의료법 제27조 3항에서는 본인부담금을 면제하거나 할인하는 행위를 금지하고 있다.

왜 금지하냐고? 법이 그렇다. 의사가 환자를 도와주면 벌을 받는 현행 의료법이고 그 이름은 '환자유인 금지법'이다. 원래 이 법의 취지는 성형외과나 피부과, 치과, 암 요양병원에서 할인을 유도하고 광고하여 환자를 유인하는 것을 방지하고자 생겨난 법이다.

법이란 것은 한번 정해지면 융통성이 없다. 내가 아무리 좋은 뜻으로 의료보호 1종 환자를 도와주고자 무료로 검사했다고 항변해도 소용없다. 그냥 법을 어긴 의사가 되는 것이고 행정처분을 받는다.

법法은 만인萬人 앞에 평등平等하다.

그것이 정의正義이다. 하지만 이 환자에게 법은 어떻게 적용돼야 하는가?

위에 예시를 든 환자는 빙산의 일각에 불과하다. 불합리한 경우는 너무나 많다. 젊은 의사들이 왜 필수의료를 외면하는가? 돈 때문만이 아니다.

원인이 돈만이 아닌데 정부는 돈만을 말한다. 돈을 말하면서도 제대로 수가인상을 하지 않는다. 기본적인 물가상승율의 반의반도 올리지 않는다. 앞으로 우리나라 필수의료는 미래가 없다. 내가 6년 전 집필한 책에서 이미 필수의료는 희망이 없다고 밝힌 바 있다. 필수의료가 살아날 수 있는 유일한 길은 우리나라 국민의 인식 변화에 달려 있다.

진정한 사랑을 돈으로 살 수 있다고 생각하는가? 필수의료에 종사하는 의사의 마음도 마찬가지다. 돈으로 살 수 없는 것이다.

이 환자는 과연 어떻게 됐을까? 수면 기관지 내시경 검사를 잘 받았고 수술 후 예후가 좋았다. 환자는 돈을 내고 검사를 했을까?

책에 밝힐 수 없는 비밀祕密이다. 여러분이 지금 생각하신 그대로 했다면 그게 답이다.

03
안목(眼目)의 중요성에 대하여

안목眼目은 사물을 보고 분별하는 견식을 말한다. 사람은 안목이 있어야 한다는 말은 어떤 현상이나 사물, 사람을 볼 때 좋고 나쁨을 구별하는 올바른 판단력을 갖고 있다는 말이다. 좋고 나쁨을 판단하는 기준뿐 아니라 올바른 삶을 살아가기 위해서 중요한 품성이다.

의학적으로도 안목은 매우 중요하다. 안목은 눈으로 보고서 판단하는 것으로 의사가 환자를 진찰할 때 가장 우선되어야 할 행동이다. 의사는 환자를 진료할 때 시진눈으로 관찰하는 진료행위, 청진청진기로 환자의 호흡음이나 심장소리를 듣는 진료행위, 촉진손으로 환자의 몸을 만지는 진료행위, 타진손으로 환자의 몸을 두드리는 진료행위 등의 방법으로 진료한다.

이러한 진료방법은 아주 오래전부터 의사의 중요한 진료행위다. 최근에 과학과 의학의 눈부신 발전으로 의사의 이학적 진료행위시진, 청진, 촉진, 타진는 소외疏外 되어 가고 있으나 내과적 진료를 할 때 여전히 매우 중요하다.

늑막에 물이 차 있는지를 타진하는 진성림 원장

일반적으로 의사의 이미지를 떠올릴 때 '청진기聽診器'가 떠오른다. '청진기'는 호흡기내과 환자를 볼 때 가장 중요한 도구 중의 하나이며 청진기를 통해 환자의 '호흡음'을 듣고 다양한 호흡기질환의 가능성을 추측하고 진단한다.

청진기聽診器는 프랑스 내과 의사 '라에네크'가 발명했다. 청진기 발명의 에피소드는 가슴이 풍만한 여성과 관련이 있다. 1816년 심장의 통증을 호소하는 젊고 뚱뚱한 여성 환자를 진료할 때, 그 여자의 풍만한 가슴에 직접 귀를 대야 했다.

청진기가 발명되기 전, 의사는 환자의 가슴에 직접直接 귀를 대고 심장 소리를 듣거나 폐포음 소리를 들었다. 이 방법은 지금도 청진기가 없는 응급상황에서 의사가 직접 환자의 가슴에 귀를 대기도 한다.

하지만 젊은 여성의 경우에는 나중에 '성추행'의 오해를 받을 수도 있는 시대적 상황이라 매우 조심스럽고 이런 고전적인 진료행위를 하는 의사는 거의 없다. '라에네크'는 어린이들이 나무 막대기의 한쪽 끝을 귀에 대고 두드리면서 소리를 듣고 노는 것에 착안하여 종이를 직접 둥글게 말아 환자의 가슴에 댔으며, 그 결과 환자의 심장 소리를 더 명확하게 들을 수 있었다.

이것이 세계 최초의 청진기이다. 독자들이 생각하는 지금의 청진기 모습인 양쪽 귀에 꽂는 현대적인 청진기의 원형은 1843년에 개발되어 100년 이상 쓰이다가 현대적 청진기로 대체된 것이 1970년대 이후이다. 청진기는 내과의 다양한 질환 중에서 폐 질환을 진단할 때, 여전히 가장 강력하고 간단한 도구이다.

호흡기내과 전문의인 나는 하루에도 800번 이상 청진기를 이용하여 환자의 '호흡음'을 들으며 한 사람의 환자에게 최소 4번 이상 청진 지금까지 200만 번 이상의 호흡음을 들은 전문가다. 눈으로 보는 안목은 의료현장에서 어떻게 적용될까?

환자를 눈으로 직접 바라보는 시진視診은 의사의 눈으로 환자의 안색과 눈, 입,

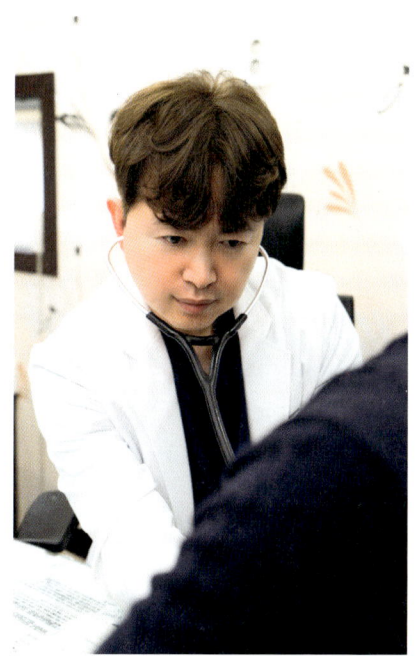

청진기를 통해 환자의 호흡음을 듣는 진성림 원장

코, 귀, 혀를 살펴보고 그 외부에 나타난 변화를 보고 병을 진단하는 일이다. 시진視診이 중요한 이유는 '응급 호흡 질환자應急 呼吸 疾患者'를 진단하는 데 있다.

우리 병원고운숨결내과은 진료의 대기 시간이 길다. 안타깝고 죄송한 마음 가득해도 상황이 그렇다. 기본적으로 대기 시간이 세 시간 정도다. 중환자와 응급환자도 많아서 어떤 날은 진료가 오전 10시에 마감되기도 한다.

고운숨결내과의 모든 직원은 안목이 매우 뛰어나다. 다른 말로 표현하면 응급환자를 발견하고 인지認知하는 데 탁월卓越한 실력이 있다. 특히 접수에서 근무하고 있는 직원들의 안목은 미용을 전문으로 하는 의사보다 더 정확하다.

개인 의원인 고운숨결내과는 응급실이 없다. 1차 의료기관은 의료전달체계상 응급실을 운영하지 않는다. 문제는 응급실이 없는 고운숨결내과에 '응급환자'가 많이 온다는 사실이다.

나는 진료실, 검사실에서 30초의 여유도 없이 환자를 본다. 화장실을 갈 시간도 없다. 고운숨결내과에 오는 환자를 처음 만나는 사람은 의사가 아니라 접수에서 근무하는 직원이며 이것은 우리 병원만 그런 것이 아니다. 모든 1차 의료기관인 개인 병원의 시스템은 똑같다. 세 시간의 대기 시간 동안 응급환자가 빠른 진료와 치료 없이 기다리는 모습을 상상해 보라!

그 환자는 생명을 잃을 수 있다. 어떻게 우리 병원의 접수 직원들은 응급환자를 구별할 수 있는 안목을 갖게 된 것일까?

의과대학을 졸업하고 병원실습을 통해 훈련받은 의사가 아니다. 의사는 처음부터 응급환자를 진단하고 치료할 수 있는가? 의학 교과서를 통해 배운 지식만 갖고서 의사의 역할을 할 수 있는가? 의대 수업 과정에 왜 환자를 직접 보는 수련 과정이 포함되어 있는가? 의료는 책으로만 배울 수 없기 때문이다.

환자는 살아 있는 생명체고 매우 다양한 상황을 경험한다. 책만을 통해서 배울 수 없는 영역이 의학醫學이다. 우리 병원 직원들은 '혹독한 훈련과정'을 통해 뛰어난 안목을 갖고 있다.
그러나 아무리 '혹독한 훈련과정'을 겪었다고 해도 지금의 직원이 될 수는 없다는 것을 안다. 우리 병원의 직원들은 환자를 생각하고 걱정하는 마음이 원장의 마음과 똑같다. 아니 어떤 직원은 나보다 더 환자를 생각하기도 한다. 나는 쓰러져도 환자는 살려야 한다는 신념을 갖고 일하는 직원이다.

숨이 매우 찬 환자가 다른 환자보다 먼저 진료실로 들어왔다. 이 환자는 기관지 천식의 급성악화로 5분 이내에 응급치료가 이루어지지 않으면 심각한 후유증이나 사망할 수도 있는 환자였다.

나의 지시에 따라 치료가 이루어지고 환자는 위급한 순간을 넘겼다. 대기실 접수 데스크에서 한 환자가 직원에게 고함을 지르며 화를 내고 있었다. 호흡기내과를 업으로 살아오면서 나는 두 가지의 성품性品을 동시에 갖게 되었다.

하나는 매우 급한 성격이며 다혈질多血質의 성격이다. 이해할 수 있다. 많은 응급환자는 찰나의 순간에 목숨을 잃을 수가 있다.

어떻게 느긋하게 일을 할 수 있겠는가? 다혈질의 성품도 딱 지금과 같은 상황에서 표출된다. 시끄러운 대기실로 바로 나갔다. 무슨 일인지 알아본다. 화난 환자는 자기가 먼저 왔는데 왜 다른 환자가 먼저 진료실로 들어갔는지를 직원에게 따지면서 화를 내고 있었다.

직원은 응급환자라서 먼저 진료를 볼 수밖에 없었다고 친절하게 설명을 하였으나 그 환자는 더욱 화를 내고 있었다. 응급환자를 먼저 진료하고 치료하는 것은 상식적이며 당연한 일이다. 하물며 법으로도 정해진 사실이다.

응급환자를 즉시 진료하지 않으면 의료진은 책임을 진다. 만일 의사가 한 명일 때 응급환자 두 명이 동시에 왔을 경우 의료법은 "의사가 더 위급하다고 판단한 환자를 먼저 구호救護의 조치를 해야 한다."라고 명시하고 있다.

그 환자의 아우성과 나의 대답은 거의 동시에 나왔다. 환자는 내게 소리쳤다. "나는 카자흐스탄에서 왔다고요!" 거의 동시에 나도 소리쳐 외쳤다. "카자흐스탄으로 다시 가세요!"

언제 서로 언쟁을 높였냐는 듯한 자세로 그 환자를 진단하고 치료했다. 환자는 사과했고 나도 죄송한 마음을 전달했다. 또 다른 나의 성품은 '고요함'이다.

진료 현장에서 전쟁과 같은 하루를 마감하고 집에 돌아와 쉴 때 세상의 무거운 짐은 나 혼자 짊어지고 살아가는 것 같은 고요함과 고단孤單함에 빠진다.

내일 예약된 중환자가 걱정되고 내일의 하루를 어떻게 버텨 내야 할지 심연深淵의 고독감을 느끼며 밤잠을 못 잔다. 안목의 중요성은 의사나 병원의 직원에게만 요구되는 것이 아니다.

환자도 의사를 선택하는 안목이 있어야 한다. 의학적 전문지식이나 경험이 부족한 환자가 자신에게 좋은 의사를 찾는 것이란 쉽지 않다. 여러분 주위에 있는 대부분의 동네 주치의 선생님들은 매우 좋은 의사일 것이다.

환자의 가장 안전한 안목은 동네 주치의가 추천하는 병원의 의사를 만나는 것이다. 의사는 의사를 잘 안다. 누가 어떤 분야에 가장 뛰어나고 적임자인지 잘 안다. 건강기능 식품을 광고하는 데 나오는 쇼닥터들은 무조건 피하라고 권고한다.

전문가는 그런 제품 홍보에 나갈 시간이 없다. 그럴 시간이 있다면 논문을 쓰거나 강의를 하거나 차라리 휴식을 취한다. 의사의 경력이 중요하다. 의사가 전문가라면 국가에서 인증을 받은 공식적인 기관의 평가에서 우수한 결과를 받았을 것이다. 객관적 입장에서 의료의 질적인 심사를 담당하는 심사평가원에서는 호흡기질환자의 진료와 치료에 관하여 10년 이상 평가를 공표하고 있다.

고운숨결내과 접수의 훌륭한 인재.
친절과 미모, 지혜를 겸비했다.

보건복지부에서도 매년 소수의 의사를 대상으로 '보건복지부 장관' 표창을 수여하고 있다.

정부의 평가보다 더 중요한 것은 환자의 경험이다. 소위 말하는 '입소문'이다. 의사의 존재存在 의미는 결국 환자이기 때문이다.

고운숨결내과 메인 접수에서 환자를 등록하며 증상을 파악하는 모습

04
우이독경(牛耳讀經)의 진수(眞髓)!

우이독경이라는 사자성어는 꽤 유명한 사자성어다. 쇠귀에 경 읽기라는 뜻으로 아무리 가르치고 일러 주어도 알아듣지 못함을 이르는 말이다. 진수라는 말은 사물이나 현상의 가장 중요하고 본질적인 부분을 말한다.

'우이독경의 진수'라는 말을 풀이하면 여러 번 반복해서 설명하고 일러 주어도 전혀 알아듣지 못하는 경우 중 최고의 상태라는 뜻이다. 사자성어를 배우는 책도 아니며 한문을 가르치는 사람도 아닌 의사인 내가 왜 이러한 이야기를 할까? 진료현장에서 무수히 많은 경험을 하기 때문이다. 환자를 진단하고 치료하는 의사가 어떤 사연으로 '우이독경'의 말을 하는 것일까? 지금부터 내가 경험한 환자의 이야기를 한다.

환자는 42세 여자 환자이고 두 달 이상 계속된 기침으로 우리 병원고운숨결내과으로 왔다. 그녀가 사는 곳은 제주도이다. 제주도에서 서울 성북구 안암동에 있는 '고운숨결내과'로 왔다. 두 달 이상 기침을 하면 매우 괴롭다. 기침이라는 증상은 단순한 감기에서도 나타날 수 있으나 각종 호흡기질환에서 흔하게 나타나는 증상이다.

특히 기침을 지속하는 기간에 따라서 급성 기침과 만성 기침으로 나눈다. 3주 내의 기침의 경우 '급성 기침'으로 분류하고 8주 이상의 기침은 '만성 기침'으로 분류한다. '급성'과 '만성'으로 나누는 이유는 그 원인적 질환이 다른 경우가 많고 원인이 다르면 치료도 다르기 때문이다.

한 가지 중요한 의학적 비밀이 숨어 있다. 8주 이상 계속되는 기침을 '만성 기침'이라고 정의하기에 '만성 기침'의 모든 환자는 사실은 3주 동안 계속된 '급성 기침'의 시간을 통과한다.

호흡기질환의 많은 증상으로 나타나는 기침은 급성 기침의 단계를 지나게 되어 만성 기침의 상황으로 발전한다. 따라서 '만성 기침'의 분류에 속하는 호흡기질환을 진단할 때 두 달이라는 시간 동안 기침으로 고생하는 환자를 단지 시간적 관점으로 보아 두 달의 시간이 지나지 않았으므로 만성 기침의 원인적 진단을 할 필요가 없다는 오류誤謬를 범하지 말아야 한다.

많은 의사가 이런 오류를 범한다. 42세 환자는 진찰과 검사 후 비천식성 호산구성 기관지염NAEB: Non-Asthmatic-Eosinophilic-Bronchitis으로 진단되어 치료를 받았다. 비천식성 호산구성 기관지염NAEB은 의사들에게도 매우 생소한 진단명이다. 환자에게는 더욱 생소하고 처음 들어보는 진단명일 것이다.

과거에는 의학용어와 진단명이나 치료제 등의 이름이 너무 어려워서 의사가 아닌 환자나 보호자는 그 병에 대한 이해도가 부족한 경우가 많았다. 현대의학 용어의 발상지가 라틴어에서 유래한 경우가 많고 영어를 우리나라 말로 번역하는 과정에서 어려운 의학용어가 만들어진 경우가 많아서이다. 그 환자도 이러한 진단명에 대하여 이해하지 못했다.

어려운 진단명을 설명하기 힘들다고 해서 환자가 잘 알고 있는 질환으로 대체해서 설명하면 안 된다. 이 진단명의 명칭을 보면 분명하게 천식은 아니라고 밝히고 있다. 비천식이라고 했으니 천식은 아니다. 기관지염으로 명시되었으니 천식은 아닌 기관지염이다. 하나의 어려운 말이 추가되어 있다. '호산구'라는 말이다. '호산구'는 백혈구의 한 종류로 우리 몸에서 '알레르기' 반응에 작용하는 역할을 하는 백혈구이다.

이 진단명을 이제 정확하게 풀이하면 알레르기 작용에 의한 기관지염이며 천식은 아닌 것으로 요약된다. 나는 42세 이 환자에게 이러한 내용을 A4용지에 글씨를 쓰면서 그림도 그려 가면서 3번 이상 설명했다. 환자는 나의 설명을 들으면서 여러 번 궁금한 점을 질문했다. 환자의 질문에 세 차례 이상 설명하고 치료제를 처방하였다. 여기까지는 아무런 문제가 없다.

어려운 진단명이지만 호흡기내과 전문의에게는 어려운 진단명과 치료가 아니다. 사실 매우 흔한 질환이다. 의사에게도 익숙하지 않고 비교적 최근에 알려진 진단명이라 의사도 환자도 잘 모르는 생소한 진단명일 뿐이다.

만성적인 기침을 유발하는 4대 원인의 하나일 정도로 흔한 병이다. 제주도에서 온 환자는 2주 후 다시 우리 병원으로 내원했다. 진료실로 들어올 때부터 얼굴에 화가 잔뜩 나 있는 듯한 표정으로 들어왔다.

나의 오진誤診으로 손해배상損害賠償을 청구하러 왔다고 했다. 황당한 말을 이해하지 못한 나는 되물었다.
"환자분, 무슨 말씀인가요?"
"손해배상 청구라니요?"

고운숨결내과에서 비천식성 호산구성 기관지염을 진단받고 치료받은 환자는 기침이 좋아지지 않자 제주도에서 가장 큰 종합 병원으로 찾아갔다. 그 병원에서 진료한 의사는 환자에게 '과민폐렴'이라는 진단명을 말했다고 한다.

'과민폐렴Hypersensitivity Pneumonitis'은 미세 유기분진 속 알레르겐에 대한 과민반응으로 나타나는 폐의 염증 질환이다. 내가 진단한 '비천식성 호산구성 기관지염NAEB'과는 완전히 다른 질환이다.

알레르기 반응이 관여하는 공통점이 있으나 '과민폐렴'은 폐의 염증이고 '비천식성 호산구성 기관지염'은 기관지의 염증이다. 병이 발생한 해부학적인 위치가 다르다. 폐의 염증과 기관지의 염증은 서로 동반되어 나타나기도 하지만 엄밀히 말하면 다른 질환이다.

신기한 것은 서로 다른 질환인데 치료제는 같다. 환자는 '기관지염'과

'폐렴'의 진단은 둘 중 하나는 명백한 오진으로 생각한 것이다. 환자의 생각은 충분히 이해가 갔다. 나도 사람인지라 내가 틀릴 수도 있는 상황이라고 인지했다.

두 질환 모두 치료제는 같으나 처음 나의 진단이 잘못되었다면 내가 인정하고 사과할 수 있는 상황인 것이다. 제주도 병원에서 촬영해 온 흉부 CT 사진을 봤다. '과민폐렴'은 기관지에서 멀리 떨어진 폐의 말초 부위까지 도달할 수 있는 입자인 유기분진동식물에서 유래하는 미세입자로 곰팡이나 세균 등의 미생물에 의해 오염됨에 반복적으로 노출되고, 분진에 포함된 알레르겐에 대한 과민반응면역반응이 발생하여 폐포肺胞 부위와 말단 기관지를 포함한 폐의 실질實質 부분에 급성, 만성 염증이 생기는 질환이다. 영상학적 검사인 흉부 CT 촬영에서 염증의 특징적인 소견이 보인다. 이 환자의 흉부 CT 소견은 완전히 깨끗했다.

'과민폐렴'이 아니라는 증거다. 환자에게 설명했다. 제주도 병원에서 뭔가 오해를 한 것 같다고 말했다. '과민폐렴'이 아니라고 설명했다. 그러나 환자는 이미 마음의 결심을 단단히 하고 온 상태다. 내가 아무리 여러 차례 설명해도 막무가내로 우기기 시작했다.

고운숨결내과에서 검사받은 검사비의 환불을 요구했다. 더 황당한 요구사항은 제주도에서 서울로 이동한 비행기 왕복표값과 공항에서 고운숨결내과로 왕복한 택시비를 배상하라는 요구였다. 환자의 요구는 여기서 그치지 않았다. 환자가 병원을 왕래하는 동안 아기를 돌본 비용도 배상하라고 했으며 본인의 정신적 위자료도 배상하라고 했다.

그녀의 주장을 요약하면, 검사비의 환불還拂과 교통비 배상, 아이 돌봄의 비용 배상, 본인의 정신적 위자료 배상이다. 나는 23년 동안 2백만 건 이상의 진료를 했다. 이러한 황당한 요구는 처음 경험했다. 모든 요구사항을 거절했다.

비천식성 호산구성 기관지염의 진단은 정확했고 치료 또한 적절했다. 제주도의 그 의사가 잘못 진단한 것이다. 환자는 한바탕 소란스러운 난동을 부렸으나, 나의 강력한 경고진료 방해죄에 물러갔다. 예상은 하고 있었다. 그냥 그렇게 물러나서 가만히 있을 사람은 아니었다. 제주도의 한 법률 사무소에서 일하는 그 환자는 가능한 한 모든 수단을 동원하여 나를 귀찮게 하기로 작정한 것이다. '보건소'에 민원을 넣고, '국민권익위원회'에 민원을 제기하고 '심사평가원'에 제보를 했다. 모든 곳의 민원은 받아들여지지 않았다. 그 환자가 모르고 있는 것이 있었다.

'고운숨결내과' 원장인 나는 이런 악의적惡意的인 민원民願에 대처하는 데 전문가라는 사실을 모르고 있었다. 대부분 환자는 의사와의 관계가 좋다. 사람을 상대하는 직업군은 소위 말하는 '진상 고객'을 만나곤 한다. 의사도 '진상 환자'를 만난다. 이 환자도 진상 환자이다. 아픈 환자니까 어지간하지 않으면 대응을 안 한다.

그러나 의사가 참을 수 있는 부분과 참을 수 없는 부분은 분명하다. 정확한 진단과 치료를 했을 때 감사의 말을 듣기 원하지도 않는다. 안하무인眼下無人으로 오히려 배상을 요구하고 여러 기관에 병원을 고소하는 행태는 환자를 진심으로 진료하는 '의사' 한 개인을 괴롭히는 것이 아니다.

이러한 의료 행태를 이용하는 일부 몰지각한 사람들에 의해 필수의료를 기피하는 사회적 현상까지 생기는 것이다. 결국, 이 환자의 민원은 '의료분쟁 조정위원회'까지 갔다.

'의료분쟁조정 중재원'은 2012년에 설립되었다. 이 환자는 본인이 법률 사무소에 근무한다며 법적인 지식을 뽐내고 고운숨결내과를 '의료분쟁 조정위원회'에 민원을 제기했으나 엄밀히 말하면 환자의 법률적 지식은 매우 부족한 상태라고 말할 수 있다.

그 이유는 '의료분쟁 조정위원회'에 민원을 제기해서 의사에게 답변을 요청하는 경우에 의사가 답변하기를 거부해 버리면 자동으로 그 민원은 취소되기 때문이다. 의사의 답변을 꼭 받아 보기 위해서는 '의료분쟁 조정위원회'가 아닌 '소비자보호원'에 민원을 제출해야 한다.

이러한 법적인 제도의 차이를 알지 못한 환자의 민원에 답을 제출할 의무는 없었으나 아무런 잘못도 없기에 질문지에 자세하고 상세하게 답을 작성하고 필요한 근거 검사 자료와 치료의 근거들을 증거물로 제출했다.

하루를 매우 바쁘게 진료하고 중환자의 검사와 치료를 담당하는 내게는 귀찮은 일이다. 그러나 귀찮다고 해서 이 일을 회피하면 환자는 자신의 그릇된 주장을 진실로 착각하게 되고 앞으로도 다른 병원에서 똑같이 잘못된 행동을 반복할 것이다.

'의료분쟁 조정위원회'는 한 사람의 의견으로 정리되지 않는다. 의료계의 각과의 전문가 6명 이상과 시민사회단체, 변호사 등으로 구성된다. 민원과 관련된 전문가 의사가 매우 구체적이고 적절한 질문지를 작성하여 보낸다. 형식적인 요식행위가 아니다.

조정 결정의 내용도 법원의 판결문보다 더 자세하고 조정 결정의 이유도 매우 구체적으로 기술한다. 내가 진단한 과정과 치료한 과정, '조정위원회'에서 결정한 이유에 대하여 의학적으로 매우 구체적으로 답변한다.

'조정위원회'의 결론은 민원인의 요구사항은 모두 기각됨이었다. 결과는 예상대로 나왔다. 기분이 좋았다. 이러한 결정문은 민원을 제기한 당사자에게도 공문으로 내용이 전달된다. 민원인이 주장한 요구사항 하나하나에 조목조목 기각棄却의 이유가 적혀 있는 공문서를 받은 그 환자의 표정表情이 상상想像된다.

'조정위원회'의 결정에 불복하여 '민사 소송을' 제기할 수 있다. '민사 소송'을 제기해도 '조정위원회' 구성원들이 만장일치로 의학적 소견을 내린 이러한 사건을 담당할 변호사는 세상에 없다.

이미 판결이 난 사건이며 아무리 유능한 변호사라고 해도 의학적 사실을 뒤집을 수 없기 때문이다. 의학적 사실은 객관적이며 과학적이다.

설득으로 결정이 번복될 수 없는 진실이다.

'우이독경牛耳讀經'이라는 사자성어가 딱 들어맞는 경험을 한 것이다. 쇠귀에 경 읽기를 하는 사람은 얼마나 답답할까? 답답하다 못해 억울할 수도 있다. 그러나 나는 답답하지도 억울하지도 않았다.

30년 동안 의사로서 살아오면서 이와 같은 경험을 수백 번 넘게 경험했기 때문이다. 환자가 억울한 사연도 있을 수 있다. '의료사고醫療事故'나 '의료과실'이 있을 수도 있다. 그러나 의료사고나 의료과실은 모두 환자에게 어떤 부작용이 발생하거나 환자의 건강에 문제가 생긴 경우를 말한다.

제주도에서 온 42세 여자의 심했던 만성 기침은 나의 치료를 받고 2주 후 완치되었다. 환자가 피해를 본 것이 아무것도 없고 자신을 괴롭히던 기침의 정확한 원인을 찾아 제대로 치료를 받은 것이다.

왜 그 환자는 나를 그렇게 괴롭히려고 했을까? 내가 그 환자의 속을 알 수 없어서 정확한 이유는 모르겠다.

다만 추측해 보는 것은 원래가 그런 성향의 사람이라고 생각한다. 그 환자는 제주도의 한 의사가 말한 '폐렴'이라는 단어에 화가 났을지도 모른다. 그러나 자신을 진단한 사람인 나는 호흡기질환 환자를 전문으로 진료해 온 '호흡기내과 전문의'이고 제주도의 병원에서 진료했던 의사는 '가정의학과 전문의'다. 진료診療의 좋고 나쁨을 말하는 것이 아니다.

의료는 경험이 중요하고 호흡기질환의 진단과 치료는 '호흡기내과 전문의'가 월등히 경험이 많고 호흡기질환 관련 의학적 지식이 풍부하다는 것을 말하는 것이다.

왜 전문가의 말을 듣지 않았을까?

아마도 생전 처음 들어 보는 비천식성 호산구성 기관지염NAEB의 진단을 믿지 못하고 폐렴이라는 쉬운 진단명에 사로잡혀 그릇된 판단을 한 것으로 추측한다. 이 환자의 태도에서 알 수 있는 교훈이 있다. 그 환자는 보통 사람들이 아는 폐렴으로 설명을 들은 것도 아니었다.

정확하게는 '과민폐렴'이라는 오진을 받은 것이었다.

'과민폐렴'은 비천식성 호산구성 기관지염만큼 생소한 진단명이다. 과민폐렴은 진단의 명칭이 바뀐 질환이다. 이전에는 과민성 폐장염으로 불렸던 질환이다.

어려운 진단명이라 쇠귀에 경 읽기처럼 여러 차례 자세히 설명했다. 못 알아듣고 오해하고 잘못된 행동을 한 것은 그 환자가 '우이독경'의 태도로 일관했기 때문이다.

환자와 의사는 의료전문 지식을 똑같이 나누어 가질 수 없다. 하물며 호흡기내과 분야에서 한평생 진료를 한 호흡기내과 전문의와 환자의 의학적 지식과 경험은 비교의 대상조차 안 된다. 2만 시간의 법칙이라는 말이 있다. 어떤 분야의 일을 할 때, 최소한 2만 시간 이상 그 분야의 일을 했다면 전문가라는 뜻이다.

나는 호흡기내과 환자를 진료하고 진단하고 치료하는 데 2만 시간이 아니라 20만 시간 이상을 전문가로서 일했다. 20만 시간을 상상해 보라!

20만 시간 이상을 호흡기환자 진료에 매진邁進한 내가 '과민폐렴'의 진단을 못했겠는가? 상식적으로 조금만 생각해도 이 환자의 이해할 수 없는 태도는 의아한 수준을 넘어 기가 막히는 수준이다.

쇠귀에 경 읽어 주는 우이독경의 진수를 보여 준 그 여자 환자는 오히려 재정적으로 더 손해를 입었다. 재정적인 손해만 본 것으로 아쉬워하지 않기를 바란다. 이 환자는 삶에 대한 태도가 완전히 왜곡歪曲된 시각을 가지고 살아가고 있는 환자로 생각된다. 아무쪼록 자신의 그 편협하고 피해망상被害妄想적인 뇌 구조가 긍정적인 태도로 변화하기를 바란다.

05
예후(豫後: prognosis)의 역설(逆說)

예후豫後: prognosis의 어원은 그리스어의 pro미리와 gnosis알다에서 합성된 말로, 어느 질환 또는 환자의 경과 및 결말을 말한다. 의사가 환자를 진찰하고 그 질환의 경과를 예측하는 것은 매우 중요한 의학적 판단이다.

병의 자연적 경과natural course를 알고 있는 의사가 환자를 치료하는 경우와 그렇지 못한 의사가 환자를 치료하는 것은 하늘과 땅 차이만큼의 큰 차이가 있다. 질환에 대해 전체적인 경과를 알고서 환자를 치료하는 것은 환자의 삶의 질을 높이고 발생할 수 있는 합병증의 빈도를 줄이는 것과 밀접한 관계가 있다.

치료에 대한 반응은 다양하고 병의 진행속도와 방향의 급격한 변화가 있을 수 있다는 의학적 지식과 경험은 환자의 생명을 다루는 영역의 의료에서 더욱 중요한 요소이다.

똑같은 질환도 기저질환이 있는 환자나 나이에 따라서 천차만별千差萬別로 다르다. 많은 치료제 중 어떠한 치료제를 선택하느냐에 따라 환자의 생명과도 직결될 수 있다. 환자나 보호자도 질환의 예후를 아는 것이 중요하다.

의료는 반전의 드라마가 아니다. 반전의 드라마나 영화의 경우 시청자나 관객들에게 '의외意外성'의 감정을 주면서 명작의 작품으로 남을 수 있으나 의료는 예측豫測되는 결말結末과 예측 가능한 과정이 중요하다.

의료 행위에서 '불확실不確實성'과 '예측의 반전反轉'은 매우 위험한 상황을 초래할 수 있다. 각 분야의 의료 행위가 있으나 모든 의사는 '예측 가능'한 상황을 기대하고 그러한 예측을 신뢰한다.

질환의 자연적 경과와 예측은 우연히 얻게 된 결과가 아니다.

현대의학現代醫學의 기반은 '근거중심의학Evidence Based Medicine'으로서 수많은 근거와 자료, 증례와 실험들이 모여서 하나의 통계로 나타난다.

예를 들어 폐결핵 치료의 경우 한 가지 약으로 치료하지 않고 초기 두 달은 4가지 약을 병용하여 함께 투여하고 그 후 4개월은 3가지 약제로 치료한다.

어떻게 이런 치료 계획이 가능한가?

백 명 또는 천 명의 환자를 대상으로 연구된 것이 아니다. 수만 명 또는 수백만 명의 환자를 대상으로 연구된 결과이고 전 세계의 인종, 나이, 체중에 따라서 도출된 결과인 것이다.

폐결핵은 인류의 역사와 함께한 질환이다. 무려 기원전 7세기에도 존재했던 질환이다. 인류의 역사에서 아주 오랜 세월 동안 폐결핵의 원인을 몰랐다. 원인을 알 수 없으니 치료가 될 수 없었다. 폐결핵으로 사망한 사람은 그 어떤 질환으로 사망한 경우보다 많았다.

폐암도 마찬가지다. 폐암의 원인을 밝히고 치료에 획기적인 결과를 얻기까지는 수많은 연구와 노력이 있었고 지금도 폐암의 치료는 눈부신 발전을 하고 있다.

유능한 의사는 환자를 치료할 때 예후를 말한다. 예후를 말할 수 있는 의사는 그 병에 대해 완전한 전문가專門家이고 치료를 하지 않거나 치료가 잘못될 때 환자에게 어떤 일이 벌어질 수 있는지를 안다.

환자는 자기가 걸린 병에 대해서 의사로부터 설명을 들을 권리權利가 있고, 의사는 설명할 의무義務가 있다.

80세 여자 환자는 무려 40년 동안 끊임없는 기침과 가래의 증상이 있었다. 40년이라는 시간은 본인이 살아온 반평생半平生이다. 여러 병원을 돌아다니고, 각종 민간요법民間療法과 병원에서 처방받은 약을 먹었으나 소용이 없었다.

결국은 좌측의 폐 일부를 외과적인 절제술까지 받았으나 끊임없는 가래는 계속되었다. 결국은 자포자기自暴自棄한 상태로 지냈다. 3개월 전부터 가래 양이 매우 많아지고 피가래도 나오면서 노란 가래가 나왔다. 숨이 차고 가슴이 답답하며 기침도 심해졌다. 환자는 '유튜브 의학채널'의학채널 비온뒤에서 기관지 확장증에 대한 나의 강의를 듣고 고운숨결내과로 왔다.

NEJM(New England Journal of Medicine)은
세계 최고의 의학 학술지이다.

기관지 확장증을 치료해야 하는 7가지 이유

고운숨결내과 원장 진성림
2023. 12. 2. 토요일 저녁 8시-밤 10시

NEJM에 실린 기관지 확장증 임상 고찰

의사는 환자를 볼 때 먼저 환자의 모습을 관찰한다. 이러한 행위를 '시진視診'이라 한다. 진료실 문을 열고 들어오는 모습을 보는 순간, 심각한 호흡기질환이 있다고 직감直感했다. 굳이 청진기로 호흡음을 듣지 않아도 될 정도로 가래 끓는 소리가 심했고, 쌕쌕거리는 천명음의 소리도 들렸다.

호흡 보조 근육을 사용할 정도로 호흡곤란이 심했고 안색은 창백하고

전신 쇠약감이 매우 심해 보였다. 기관지 확장증이 매우 심한 상태임을 아무런 검사 없이도 알 수 있는 상태였다. 검사 후 한 가지 위중한 상태가 추가되었다. 폐렴도 동반된 상태이다. 80세 나이의 중증 기관지 확장증 환자의 폐렴이다. 치명적인 폐렴으로 진행할 위험성이 높다. 환자의 상태를 환자와 같이 온 보호자남편에게 상세하게 설명했다.

어떤 치료를 할 것이며, 치료를 해도 위험한 상태에 빠질 수 있음을 설명하였고, 이러한 치료를 받지 않을 때 발생할 수 있는 상태에 대하여 자세히 설명했다.

보통, 보호자는 이런 설명을 듣게 되면 고마워한다. 환자를 잘 치료해 달라고 부탁하는 것이 일반적一般的이다. 이 환자의 보호자는 아주 특이한 반응을 보였다. 갑자기 내게 화를 냈다.

"의사가 환자에게 할 소리를 하는 거요!"
"의사는 환자에게 좋은 말만 해야지! 뭐가 위험하다는 거요!"

나는 처음, 보호자가 무슨 말을 하는 것인지 이해를 잘 못했다. 어안이 벙벙했다. 보호자의 의중을 알기까지 오랜 시간이 걸리지 않았다. 다시 공격적인 말과 행동이 나왔다. 이백만 건 이상의 진료를 보며 오늘의 내가 있는 것이기에 별의별 환자와 보호자를 만나 봤고 이상한 말을 하는 사람을 많이 봐 왔다.

이번의 경우는 특별했다. 보호자인 할아버지는 다리가 불편해서 지팡이를 짚고 있었다. 우리가 생각하는 보통의 지팡이가 아니었다. 굉장히 굵고 거대한 지팡이였다. 그런 지팡이를 삿대질하듯이 휘두르며 화를 냈다. 칼을 들고 설쳐 대는 것보다 더 위험한 순간이다.

나는 우리 병원의 직원들이나 내게 이런 행동을 하는 일부 몰지각한 환자나 보호자를 만났을 때 피하지 않는다. 사과할 어떤 잘못이나 실수를 하지 않았다. 오히려 의사로서 매우 적절하고 전문가답게 설명을 잘했다.

흥분한 보호자에게 내가 할 수 있는 일은 나도 흥분해서 맞서는 것이다. 정당방위이다. 나는 어떠한 흉기도 소지하지 않고 대응을 했으니 소극적 정당방위이다. 원칙으로 대응을 했다. 상대가 흉기와 같은 지팡이를 휘두르며 소리를 지르는데 내가 조곤조곤, 속삭이듯이 대응할 수는 없지 않은가? 그렇다고 도망가는 것은 더 우스운 일 아닌가?

나는 그런 사람이다. 폭력을 당할 수 있는 상황이었으나 물러서지 않았다. 강경한 태도로 대응했다. 이미 의사와 환자의 관계는 망가진 것이다. 이런 상황에서 치료할 수 없다.

치료받지 않을 때, 환자는 생명을 잃을 수 있다. 우리 병원에서 검사한 자료를 복사해 주고 '대학병원 호흡기내과 진료의뢰서'를 작성하여 보냈다.

의사 생활 30년 만에 처음으로 진료의뢰서에 명시한 내용은 다음과 같다.

'중증 기관지 확장증 환자로서 검사 결과, 폐렴이 동반되어 항생제 정맥주사 치료가 필요한 상태이나 환자 보호자와의 심각한 갈등으로 환자-의사와의 관계가 훼손되어 귀원 호흡기내과로 전원드리며 검사 영상 결과를 첨부합니다.'

예후를 설명해 주고 이런 봉변逢變을 당할지는 예측할 수가 없다.

황당무계荒唐無稽라는 말은 언행이 터무니없고 믿을 수 없음을 비유하는 고사성어이니 딱 이 상황을 빗대어 한 말이다. 언행이 무엇인가? 말과 행동이다. 환자의 병에 대한 예후를 어떻게 말해야 그 보호자는 받아들였을까?

중증의 폐렴을 가벼운 감기로 설명하고 아무 걱정하지 말고 치료받으면 모두 좋아진다는 말을 듣고 싶었을까? 그렇게 설명을 잘했는데 환자의 폐렴이 더 나빠지면 왜 정확한 예측을 하지 못했냐며 지금의 난동은 비교도 안 될 난리를 부렸을 것이 뻔하다.

이런 유형의 보호자는 어떤 설명을 해도 모든 것이 불만일 것이다. 어느 곳에서 어떤 일을 겪던 본인의 인생 자체가 불만과 불평으로 가득 찬 사람이다. 본인의 불만을 내가 받아들이고 위협받을 필요는 전혀 없다. 이런 보호자는 어떤 병원을 가서도 똑같은 행동을 반복할 것이다. 이번에 처음으로 나의 강력한 항의와 경고에 본인이 충격받았을 것이다.

세상의 일들이 그 할아버지처럼 소리를 지르고 지팡이를 휘두른다고 해결될 만큼 우리의 세상살이가 호락호락하지 않다. 나이는 숫자에 불과하다. 나이가 들수록 더 유치하고 어리석게 사는 사람도 있고 나이답게 성숙하고 지혜로운 사람도 있다. 분명한 사실은 자신의 말과 행동에는 반드시 책임이 따라온다는 진리이다.

중이 절이 싫으면 떠나는 것이다. 평양감사平壤監司도 본인이 하기 싫으면 안 하면 된다. 치료받기를 거부하는 환자를 붙잡고 치료할 수 없다. 엄밀히 말하면, 거부한 것이 아니다.

그 할아버지는 법적으로 '특수협박'에 해당하는 매우 중대한 범죄를 저질렀다. 협박은 남에게 어떤 일을 하도록 위협하는 행위다. 대한민국 형법에서의 협박은 상대에게 공포심을 일으키기 위해 생명, 신체, 명예, 재산 따위에 해害를 가할 것을 통보하는 일을 말한다.

범죄의 행위가 더 무거운 '특수협박特殊脅迫'은 단체 또는 다중의 위력을 보이거나 위험한 물건을 휴대하여 협박하는 것을 말하며 7년 이하의 징역 또는 일천만 원 이하의 벌금형에 처한다.

더 중요한 사실은 현재 대학병원의 상황이 중증의 폐렴을 치료할 수 있는 곳을 찾기 쉽지 않다는 사실이다. 한편으로 그 환자가 염려되었다. 다시 돌아온다면 할아버지와 화해하고 신속하게 할머니의 폐렴과 기관지 확장증을 치료하고 싶다. 나이 들수록 참을성이 없어진다는 말이 있다. 또한, 환자는 언제나 약자가 아니던가?

아무쪼록 그 할머니 환자가 잘 회복되기를 바란다. 역설逆說: paradox의 뜻은 겉으로는 일리가 있는 것처럼 보이나 실제로는 모순되는 논증을 말한다. 그 보호자는 본인의 생각이 옳다고 여길 수 있으나 결론적으로 매우 잘못된 선택을 한 것이다.

06
심사평가원의 진료 적정성 평가의 허와 실에 대하여

우리나라 보건의료체계는 당연當然지정제다. 당연지정제는 대한민국의 모든 병원과 의원은 의무적으로 의료보험 가입자를 환자로 진료해야 한다는 강제조항이다.

의사가 의료보험 가입자 진료를 안 보고 비급여 환자의 진료만 보려고 해도 그렇게 할 수가 없다. 직업선택職業選擇의 자유라는 헌법정신과 상충되는 면이 있으나 공공의 의료를 위해 특정 직업군의사의 직업적 선택의 제한은 허용된다는 헌법재판소의 판결 이후 당연지정제는 수십 년간 이어져 오고 있다.

당연지정제의 의료시스템에서 두 개의 거대한 조직이 존재한다. 하나는 국민건강보험공단이고 또 다른 하나의 조직은 심사평가원이다.

건강보험심사평가원의 주된 일은 의사가 진단할 때 이용하는 의학적 검사 방법이 적절한 수준으로 검사를 했는지와 치료할 때 사용한 주사제나 약제가 적절했는지를 심사하는 기관이다.

심사평가원에 근무하는 많은 사람은 의학 교육을 받지 않은 사람이고 의료 현장에서 환자를 진료해 본 적이 없는 사람이다. 쉽게 표현하면 전문가인 의사의 행위를 비전문가인 심평원 직원이 심평원의 기준에 근거하여 심사한다.

심평원의 판단은 주로 '삭감'이라는 행위로 나타난다. 삭감의 표현은 과거의 표현으로 최근에는 '요양 진료 급여비 조정'으로 표시되나 그 내용은 '삭감'과 똑같다. 의사가 폐렴 환자를 진단하고 치료할 때 이용했던 혈액검사, 영상 검사, 치료할 때 사용했던 주사제나 약제가 적절했는지를 추후 심사해서 심사평가원의 규정대로 하지 않았을 경우, 병원에 지급해 주어야 할 진료비를 주지 않는다.

이런 일은 매우 흔하다. 의사는 자신의 의학적 판단으로 환자를 위해 최선의 치료를 다 했는데 당연히 받아야 할 진료비를 받지 못하는 일이 벌어진다. 독자들이 시장에서 과일을 열 바구니를 판매 후, 농림축산식품부에서 공무원이 나와서 왜 좋은 과일을 소비자에게 비싼 값에 판매했냐며 과일을 판 비용을 다시 농림축산식품부로 환불 요청하는 것과 똑같다.

여기에서 핵심은 '좋은 과일'과 '비싼 값'이다. 농림축산식품부의 규정대로라면 '싸구려 과일'을 사서 '저렴한 가격'으로 소비자에게 판매해야 한다. 이해할 수 있는가?

과일로 예시를 들었으나 의료에서도 똑같은 일이 나타난다. '저렴한 약'으로 '저렴한 비용'으로 치료하라는 것이 심평원 규범의 대원칙이다. 이러한 심평원의 원칙을 무시하고 의사가 '좋은 약'으로 '고가의 비용'으로 치료한다면 병원에 지급할 치료비를 주지 않는 것이다.

심평원은 삭감의 방법만으로는 의료비를 절감시킬 수 있는 데 한계가 있다고 판단했는지 최근에는 단순한 삭감 제도만을 이용하는 것이 아니라 진료 적정성 평가개념을 도입하여 어떤 질환에는 어떤 약제를 사용해야 진료를 잘하는 것이라고 평가해서 우수의료기관을 공표한다.

적정성 평가는 심사평가원이 의료의 질을 표준화하고 환자의 안전한 치료를 위해 공헌한 부분이 크다. 매우 잘 시행한 제도라고 평가한다. 통계적으로 증명된 사실이다.

우리나라는 항생제 처방률이 매우 높은 국가였다. 2001년 항생제 처방률 평가를 시작으로 급성기 질환 및 만성 질환, 암 질환 등으로 확대해 왔다. 평가제도의 효율적인 운영을 위해서 2023년 6월 국민건강보험법을 신설해서 적정성 평가의 법적 근거를 명확히 했다.

새롭게 바뀔 적정성 평가에서는 경제협력개발기구 OECD 최고 수준인 결핵 발생률을 고려해서 지금까지는 표준화된 진단을 유도했지만 앞으로 치료 성공률 확진 후 1년 이내을 모니터링의 지표로 도입해 진료 성과를 측정할 계획이다.

호흡기내과 전문의로서 결핵 표준 치료의 적정성 평가는 매우 성공적이고 유익한 제도였다고 판단한다. 결핵 발병률이 OECD 1위의 자리를 40년 이상 차지하고 있고 아직도 결핵 환자가 많은 현실에서 결핵 치료의 표준을 적정성 평가로 제시하여 결핵의 올바른 진단과 치료에 공헌한 제도라고 생각한다.

기관지 천식과 만성폐쇄성폐질환COPD을 치료할 때 1차 치료제이며 가장 중요한 치료제인 흡입제 치료를 1차 치료로 제시하고 정기적인 폐 기능 검사를 평가의 모니터링 지표로 결정한 일은 고무적이다.

대한결핵 및 호흡기학회의 노력과 심평원의 천식 진료 적정성 평가는 흡입제 치료 처방률을 높이는 좋은 결과를 도출해 내고 있다. 하지만 올해 시행되는 하기도 질환의 항생제 처방 적정성 평가는 매우 우려된다. 하기도 질환이라는 것은 하부 기관지와 폐포를 말하는 것이다. 하부 기관지의 감염은 항생제 치료를 원칙으로 하는 질환이 많다. 대표적인 하부기도 감염은 폐렴과 기관지 확장증, 만성화농성 점액성 기관지염이다.

이러한 질환은 만성 호흡기질환이 같이 동반되는 경우가 많고 환자의 상태도 심각한 경우가 많다. 이런 환자에게 값싼 항생제를 단기간에 사용해서 치료할 수 없다. 오히려 항생제 내성만 키울 위험성만 높아진다.

하기도 감염이 동반된 환자의 치료는 '고가의 항생제'를 충분히 사용해야 한다. 하부기도 항생제 적정성 평가의 모니터링 지표를 보면 이해가 안 된다.

도대체 어떤 전문의와 협의해서 이러한 판단을 했는지 묻고 싶다. 의료 현장에서 하기도 환자의 임상경험이 충분히 있는 호흡기내과 전문의와 협의와 토론 후 모니터링 지표를 결정했는지 묻고 싶다.

고운숨결내과는 천식 진단과 치료, 만성폐쇄성폐질환 진단과 치료 적정성 평가에서 한 번도 빠지지 않고 항상 최우수 등급인 1등급을 받았다. 상기도 질환 항생제 처방 평가에서도 1등급의 우수 등급를 받았다. 고혈압 치료에서의 등급도 1등급을 받았다.

그러나 하기도 항생제 처방 적정성 평가는 최하 등급인 5등급이다. 왜 하기도 감염의 항생제 적정성 평가에서는 최하 등급인 5등급을 받는가? 나의 실력은 그대로다. 하기도 감염은 매우 위중한 상태의 환자가 온다.

심평원에서 만든 하기도 항생제 치료의 기준은 동네 의원에서 가끔 보는 가벼운 하기도 감염 환자의 상태를 기준으로 만든 지침이다. 기본적인 판단이 되는 환자의 중증도 자체가 완전히 다르다.

가벼운 하기도 환자에게는 가벼운 항생제를 단기간 처방하는 것이 당연하다. 어떤 호흡기내과 의사도 경증의 하기도 감염 환자에게 3세대 세파 항생제나 4세대 퀴놀론 항생제를 처방하지 않으며 더구나 세파계 항생제와 마크로라이드계의 항생제 병용 2가지 항생제를 같이 처방하는 것 요법이나 세파계 항생제와 퀴놀론 항생제의 병용요법을 하지 않는다.

그러나 중증의 하기도 감염 환자에게 가벼운 항생제를 단기간에 처방하면 어떻게 될까? 그 환자는 생명을 잃을 수 있다.

의사가 심평원의 지침대로 치료를 했을 때 환자가 사망했다고 가정하자. 법원이 의사에게 책임이 없고 지침을 개발한 심평원에 책임을 물을 것 같은가?

법적인 책임을 떠나서 생명을 잃게 된 환자와 그 가족은 어떻게 할 것인가? 심사평가원이 책임을 질 것인가?

의료는 규격화된 자판기에서 음료를 뽑듯이 결정되는 것이 아니다.

환자의 임상 증상은 매우 다양하고 여러 가지 질환이 동시에 숨어 있을 수 있으며 치료도 매우 복잡하다. 이러한 과정을 책상에 앉아서 탁상공론으로 1번부터 5번까지 객관식 문항을 정해 놓고 몇 번을 선택하라고 하는 적정성 평가는 잘못되고 위험한 것이다.

환자는 유기체이며 언제 돌발 상황이 발생할지 모른다. 중증환자는 더 악화되기 전에 미리 선제적 치료를 받아야 살 수 있다.

심평원의 지침대로 1차 항생제를 먼저 사용하고 효과가 없으면 2차 항생제를 선택하고 그래도 효과가 없으면 3차, 4차 항생제를 선택하라는 기준은 오히려 심평원이 그렇게 주장하는 항생제 내성을 유발하는 것이고 가장 중요한 것은 중환은 나빠지면 죽는다. 2차 3차 항생제를 쓰려고 할 때 이미 환자는 사망했을 수 있다. 나는 중환자를 볼 때 심평원의 항생제 지침은 아예 무시한다.

무시해야 환자가 살기 때문이다. 무시하지 않으면 환자는 죽는다.

심평원은 하기도 감염의 항생제 적정성 평가를 개선하지 않고 지속한다면 전문가들과 협의 후 개선을 위해 우리 병원에 대하여 조사를 나오겠다는 문서를 보낸다.

내가 최고의 전문가인데 누구를 데리고 와서 심사하겠다고 엄포를 놓는 것인지 알 수가 없다.

아무리 엄포를 놓고 협박을 해도 내 앞에 하부기도 감염 환자가 숨이 넘어가고 폐렴으로 죽을 수 있는 상태인데 심사평가원의 하부기도 감염 적정성 지침대로 치료할 수 있을까?

심평원 직원 본인이 하부기도 감염에 걸리거나 보호자가 하부기도 감염에 걸린다면 본인은 심평원의 지침대로 치료해 달라고 할 것인가?

보험재정이 한정된 현실에서 값이 싼 약으로 환자의 치료가 잘된다면 그 누구도 어떤 의사도 반대하지 않는다. 그러나 결과가 달라지고 환자의 생명이 걸렸다면 이야기가 달라진다.

의사는 심평원의 꼭두각시가 아니다. 의사의 소신과 판단으로 진단하고 치료한다. 호흡기내과 전문의가 되기까지는 16년이라는 인고의 세월이 필요하다.

비전문가가 간섭할 일이 아니다. 환자를 가장 잘 알고 어떤 약을 선택해서 치료해야 할지를 결정하는 것은 의사의 고유 권한이다. 심평원의 잣대가 환자를 치료하는 기준이 될 수 없는 까닭이다.

항생제의 선택과 항생제의 용량, 병용요법, 사용하는 기간은 의사가 결정하는 것이 맞다.

[제4장]

어이아이(於異阿異)

기차당우차방(旣借堂又借房)

불청객(不請客)

의약품 안전운영서비스(DUR)

증상(症狀)의 실체(實體)와 허상(虛像)

01
어이아이
(於異阿異)

어이아이於異阿異라는 말은 우리 속담에 '어 다르고 아 다르다'는 말의 한자어이다.

같은 내용의 말이라도 말하는 사람에 따라 표현이 사뭇 달라질 수 있다는 의미를 내포하고 있다. 또한, 말하는 사람의 입장, 듣는 사람의 상황, 감정과 사고방식 등 여러 요소가 말의 내용과 표현에 큰 영향을 미칠 수 있다는 점을 말한다.

사람이 소통疏通하는 과정에서 같은 내용이라도 그 말을 전달하는 방식에 따라 전달되는 내용이 크게 달라질 수 있다는 뜻이다. 언어는 단순히 정보를 전달하는 수단이 아니라 그 말을 하는 사람의 사고방식思考方式, 감정感情, 가치관價値觀 등을 반영하며 동시에 그 말을 듣는 사람에게 다양한 의미와 감정을 전달하는 도구이다.

67세 여자 환자는 매우 심한 기침과 호흡곤란, 화농성 가래의 증상을 갖고 왔다. 기침과 호흡곤란, 가래는 여러 가지 호흡기질환에서 나타날 수 있는 증상이다.

10년 이상을 고생한 병력으로 보아 급성 질환은 아니다. 만성 호흡기 질환이다. 만성 호흡기질환은 그 원인을 찾아서 원인적 치료를 해야 한다. 영상학적 검사와 기관지 내시경 검사를 했다. 기관지 내시경 검사의 소견은 양측 하엽 기관지에 매우 심한 화농성 가래가 있는 소견이었고, 기관지 점막의 상태는 만성적인 염증이 오래되어 부종과 확장이 심한 상태였다.

기관지 안에 가래가 이물질처럼 고여 있어 숨을 쉬는 통로가 막혀 있는 상태로 숨을 쉬기 힘들고 밤에 누우면 그렁그렁 소리가 커지며 호흡곤란이 심해지는 상태이다.

기관지 확장증이 오래되고 치료가 제대로 안 돼 매우 심한 상태였다. 기관지 안을 깨끗이 청소하듯이 가래를 모두 다 제거했다. 가래의 채취와 제거는 임상적으로 중요하다. 가래를 채취해서 다양한 미생물학적微生物學的인 검사를 한다.

미생물학적인 검사가 중요한 이유는 기관지 확장증 환자는 대부분 세균이나 결핵균, 곰팡이, 비결핵성 항산균 등에 감염이 된 경우가 많기 때문이다. 균의 원인을 정확하게 찾는 것도 중요하고 그 균이 항생제에 잘 반응하는지 알아보는 항생제抗生劑 감수성感受性 검사가 필요하다.

어떤 균이 무슨 항생제에 잘 반응하는지를 알아야 정확한 치료가 된다. 더구나 기관지 확장증 환자는 장기간 세균에 노출되어 세균의 집락이 형성되어 있을 가능성이 있고 세균도 독한 세균이면서 항생제 내성抗生劑耐性을 갖고 있을 때가 많다. 일반적인 세균 배양검사와 항생제 감수성 검사는 일주일 후 결과가 나온다. 검사 일주일 후 진료를 보았다.

"환자분, 녹농균綠膿菌: Pseudomonas이라는 아주 독한 세균이 배양되었는데 항생제에 잘 듣는 녹농균으로 나와서 다행입니다."

"원장님! 저 세균 없다고 했는데요?"

이건 또 무슨 소리지? 나는 다시 물었다.

"세균이 안 나왔다고요?"

환자가 강조하여 말했다. 우리 병원 직원이 검사결과가 안 나왔다고 설명했다는 것이다. 우리 병원 직원 중 그런 실수를 할 직원은 아무도 없다. 환자에게 다시 설명했다. 우리 병원 직원 중에 세균검사 결과가 나왔는데 안 나왔다고 말할 직원은 아무도 없다고 설명했다. 환자는 전화로 분명히 들었다고 했다.

참 난감했다. 그렇게 설명한 직원의 이름을 아는지 물어봐도 직원의 이름은 모른다고 했다. 이해하지 못할 상황이 정리된 것은 얼마 지나지 않아서다.

환자가 본인이 받은 검사의 결과가 1주일 후 나온다는 설명을 잊어버리고 검사를 받고 3일 만에 병원으로 전화하여 검사결과 문의를 한 것이다. 검사 후 3일 만에 세균 배양검사는 나오지 않는다.

전화를 받은 직원은 세균검사 결과가 안 나왔다고 설명했다. 우리 병원 직원의 말은 세균의 검사결과가 아직 안 나왔고 4일 더 기다려야 검사의 결과가 나온다는 뜻이다. 환자는 세균검사 결과가 안 나왔다는 직원의 말을 세균검사 결과에서 세균이 안 나왔다로 알아들은 것이다. '어 이아이'의 전형적인 순간이다. '어 다르고 아 다르다'는 말의 뜻을 다시 되새겨 볼 수 있는 경우이다.

진료실에서 이러한 경험은 매우 자주 겪는다. 의사는 언행에 조심해야 한다. 확실하게 강조해서 말을 해야 한다. 환자는 자신의 병에 대해 초점이 맞춰져 있고 의학용어나 질환에 대해 의사만큼 알지 못한다.

따라서 의사가 환자의

우리 병원의 직원은 항상 정확한 설명을 한다.

병에 대한 설명이나 치료법, 부작용, 예상되는 결과 등을 설명할 때 환자는 자신이 원하는 말만 듣고 오해하는 경우가 많다. 중요한 검사나 시술 등은 미리 동의서를 받는다. 동의서에는 자세한 내용이 글로써 표시되어 오해의 여지가 없으나 사람의 말은 완전히 다르다.

그렇다고 진료할 때 환자들과 나누는 대화를 모두 녹음할 수도 없다. 최근에는 환자들이 의사의 설명을 녹음하거나 동영상을 촬영하는 경우가 종종 있다.

어떤 환자는 녹음하는 것이 미안한 마음이 있어서인지 몰래 녹음을 하는 경우도 있다. 몰래 녹음한다고 생각할 수 있으나 사실은 녹음하고 있는 것이 다 티가 난다. 그런 상황에서 나는 환자에게 불편하게 녹음하지 마시고 편하게 녹음하시거나 동영상을 촬영하라고 말한다.

의사는 환자의 이런 행동을 안 좋게 받아들일 필요가 없다. 오히려 어떤 상황에서는 진료한 의사가 동영상 촬영이나 녹음을 하는 것이 안전할 때도 있다.

진료행위診療行爲는 의사와 환자의 상호신뢰에서 시작되는 것이 맞지만 현대 사회는 매우 각박刻薄하고 어떤 문제가 생겼을 때 법적인 다툼으로까지 진행되는 경우가 많다. 최근 법원의 판단은 과거의 경우와 다르다. 과거에는 환자가 의사의 잘못한 것을 찾아서 밝혀야 승소를 할 수 있었다. 그러나 최근에는 의사가 자신이 잘못한 것이 없다고 입증을 해야 승소할 수 있다.

따라서 진료기록부에 환자와 나눈 대화나 환자의 증상, 의사가 어떤 검사를 권고했는지 여부, 만일 환자가 의사가 권고한 검사를 거부한 경우, 반드시 환자가 검사를 거부했다고 진료기록부에 기록해 놔야 한다.

추적검사의 경우도 마찬가지다. 예를 들어 저선량 흉부 CT 촬영검사에서 폐의 작은 결절3cm 미만의 혹이 발견된 경우에 몇 개월 후 짧게는 3개월-6개월, 길게는 12개월에 추적 검사를 해야 한다.

이럴 때 환자에게 말로 설명만 하고 진료기록부에 내용을 기록해 놓지 않으면 나중에 문제가 생겼을 때 의사가 책임을 질 수가 있다. 정확하게 말하면 진료기록부에 기록만 남기는 것은 의사의 방어적 진료의 형태에 지나지 않는다.

환자를 위해서는 6개월 후 예약시스템에 올리고 6개월 후 그 날짜가 오면 환자의 핸드폰에 문자를 보내는 시스템까지 갖춰야 좋은 병원이다. 6개월 후 검사를 해야 하는 것을 기억하고 검사받으러 와야 하는 일차적 책임은 환자에게 있다.

그러나 바쁜 현대 사회에서 일하다 보면 환자는 그 날짜를 잊어버릴 수도 있고, 기억해도 검사의 중요성을 알지 못해 그냥 넘어갈 수 있다. 병원의 예약시스템과 환자에게 알리는 시스템이 중요한 이유이다.

'어 다르고 아 다르다'는 우리나라 속담은 의료계에 있어서만 중요한 말이 아니다. 인간관계人間關係의 기초가 되는 교훈이 있다.

사람은 다 '자기본위自己本位'적 선택을 한다. 사람의 본성은 이기적利己的이다. 이기적이라는 말은 나쁜 말이 아니라 좋은 말이다.

자기 자신을 본인이 위하지 않고 챙기지 않으면 누가 자신을 챙기라는 말인가? 이기적이라는 말이 나쁜 경우는 자신의 이익을 위해 남의 이득을 빼앗거나 남에게 상처를 줄 때를 말한다. 타인에게 상처나 해를 가하지 않는 범위에서 자신을 위하는 것은 당연하다.

자존감自尊感이 높은 사람은 자신을 소중히 여긴다.

자존감은 인생을 살아갈 때, 매우 중요한 요소이다. 자존감이 높은 사람은 상대방의 말을 아전인수我田引水처럼 해석하지 않는다. 관계와 상황의 정확성正確性을 이해하여 상대방이 전하고자 하는 말의 본질本質을 정확히 파악把握한다.

'어이아이'는 어떤 경우 삶의 여유를 주기도 한다. 한바탕 웃어넘기는 일로 남기도 한다. 각박한 삶에서 이러한 경험이 인생의 즐거운 추억을 주기도 한다.

빛이 있으면 그림자가 있다. 낮이 있으면 밤이 있고, 만남이 있으면 헤어짐이 있다.

그것이 우리의 인생이 아니던가? '어이아이'의 뜻도 이렇게 받아들이면 행복하다. 나의 뜻을 왜 그렇게 못 알아들었냐고 화를 내거나 이해 못

할 필요가 없다.

그러나 '어이아이'가 중대한 결단과 중요한 선택을 해야 할 상황에서는 가볍게 생각할 교훈敎訓이 아니다. 일의 중요함과 가벼움, 선택의 기로岐路에서 판단判斷할 때, '어 다르고 아 다르다'는 속담은 가슴 깊이 새겨 두어야 할 명언名言이다.

02
기차당우차방
(既借堂又借房)

78세 남자가 객혈咯血: 가래에 피가 섞여 나오는 현상로 우리 병원으로 왔다. 호흡기질환의 여러 가지 증상 중에서 가장 신경 쓰이는 증상 중의 하나가 객혈이다. 객혈의 증상을 갖고 오는 환자는 경중輕症의 환자에서부터 중증重症의 환자까지 온갖 질환의 증상으로 나타날 수 있다.

대부분 호흡기질환의 원인으로 나타나지만, 호흡기질환이 아닌 병일 때도 나타날 수 있다. 코피가 흐르는 경우는 객혈이라고 부르지 않으며 위장관에서 피가 나오면서 토하는 토혈吐血과 감별鑑別해야 한다.

의학적醫學的으로 중요한 대량객혈大量咯血의 정의는 의학교과서마다 다소 차이가 있으나, 하루에 100cc-600cc 이상의 객혈을 말한다. 대량객혈은 응급상황으로 전체 객혈의 1.5-5% 정도를 차지하고 있다.

특히 전체적인 양보다 객혈의 속도가 매우 중요한데, 시간당 100cc 정도의 속도로 객혈이 발생하는 경우 질식이나 쇼크의 위험이 동반되기에 의사의 각별한 주의가 필요하고 빠른 치료가 필요하다.

객혈의 대표적인 원인은 기관지 확장증, 악성종양, 만성기관지염, 결핵 등인 경우이나 폐동맥에서 기인하는 폐 동정맥 기형도 원인이 된다. 미만성 폐포 내 출혈diffuse alveolar hemorrhage이라는 특수한 형태의 객혈도 있으며 다양한 호흡기질환에서 발생한다.

호흡기질환 이외에도 심장 질환이나 판막질환, 여성의 생리 때만 나오는 폐 자궁내막증pulmonary endometriosis이라는 희귀한 질환도 있다.

담배 피우고, 나이가 70세 이상이며, 객혈하는 환자는 폐암肺癌의 발병 위험이 높다. 폐와 기관지에 대한 정밀 검사가 필요한 상태다. 영상학적인 검사와 함께 기관지 내시경 검사를 해야 한다. 환자는 폐에 종양이 있었고 기관지 내시경 조직검사 결과 편평세포암squamous cell carcinoma으로 진단되었다.

편평세포암은 인체의 편평세포에서 시작되는 다양한 유형의 암으로 폐암의 한 종류일 뿐 아니라 식도암, 피부암, 질암 형태로 나타날 수 있다.

폐의 편평세포폐암은 폐암의 병기病期가 3기a 이하일 때 외과적 수술外科的 手術이 치료원칙治療原則이지만, 폐암이 진행되어 병기가 3기b-4기의 경우일 때는 항암제 치료나 방사선 치료를 한다. 이 환자는 폐암이 많이 진행된 상태로 4기 폐암이다.

그동안 다른 병원을 여러 차례 다녔으나 객혈의 증상이 나타나지 않았기에 정밀한 검사를 받지 못해 폐암의 조기 진단에 실패한 것이다. 안타까운 상황이나 우리 병원에서 빠르고 정확하게 폐암의 형태와 병기까지 확진確診했다.

환자와 보호자에게 폐암의 확진을 알리고 수술적 치료가 어려우니 항암치료나 방사선 치료를 권고했다. 보호자가 이상한 부탁을 한다. 부탁이 아니라 요구사항이다. 보호자는 내게 서울대학교 병원을 빨리 예약해 달라고 했다. 처음에는 보호자의 마음을 충분히 이해했다. 사랑하는 아버지가 폐암 4기 진단을 받았는데 어떤 자식子息의 마음이 급하지 않을 수 있을까?

역지사지易地思之의 심정으로 내가 그 보호자의 처지라도 그런 마음이 들 수 있을 것 같다. 사실은 나의 아버지도 폐암 환자였고 아버지의 폐암을 진단하여 확진한 것도 나 자신自身이었다.

나의 아버지는 소세포폐암 Small cell carcinoma 이었다. 아버지는 서울대학교 병원에서 항암치료를 받지 않았다. 소세포폐암은 매우 빠르게 진행하는 폐암으로 유명대학 병원의 대기 시간을 기다리다가 항암치료를 받기도 전에 죽을 수 있다.

편평세포폐암은 소세포폐암과 예후가 다르다. 어쨌든 보호자의 심정心情을 공감共感할 수 있었던 것은 나 자신도 폐암 환자의 가족이었기 때문이다.

기차당우차방既借堂又借房. 사랑채를 빌려주니 안방까지 달라고 한다는 뜻의 말이다. 무리한 부탁이나 요구를 염치도 없이 하는 경우를 빗댄 말이다.

이 환자의 보호자는 점점 더 무리한 요구를 했다. 요구가 아니라 거의 협박脅迫 수준이었다. 무조건 서울대학교 병원을 빨리 예약해 달라고 했다. 폐암을 진단해 준 의사는 나다. 환자는 우리 병원에 와서 단 5일 만에 폐암의 조직학적 형태와 병기까지 확진이 되었다.

대학병원에서도 폐암의 확진까지 걸리는 시간은 최소한 2주에서 3주의 시간이 소요되고 지금같이 대학병원의 진료가 공백이 생긴 시기에는 두 달 이상의 시간이 걸린다. 속된 말로 표현하면 내게 엎드려 절을 해야 한다.

대한민국 어느 개인 병원에서 폐암의 확진을 할 수 있는가?

오직 '고운숨결내과'에서만 가능한 일이다.

이러한 상황에서 환자의 보호자는 무조건 서울대학교 병원을 빨리 예약하라고 재촉했다. 아무리 재촉하고 난리를 피워도 안 되는 것을 되게 할 수 없는 상황이다. 서울대학교 병원의 예약은 두 달이 넘게 걸리는 상황이고 내가 해결해 줄 수 없는 일이다.

보호자를 설득해야 했다. 서울대학교 병원의 치료를 두 달 기다리는 것보다 다른 대학병원에서 하루라도 빨리 치료를 받는 것이 환자의 생존을 위해 좋고 고통을 줄이는 데 필요한 것이라고 설득했다. 완강頑强하게 버티던 환자의 보호자는 서울대학교 병원을 선택하기를 포기抛棄했다.

일이 해결되는 줄 착각錯覺했다. 보호자는 이번에는 서울 아산병원으로 전원해 달라고 요구했다. 이 환자의 보호자는 내가 전지전능全知全能한 능력의 소유자로 알고 있는 것인가?

'금 나와라! 뚝딱!' 말하면 금이 나오고 '은 나와라! 뚝딱!' 말하면 은이 나오게 할 수 있는 줄 아나 보다.

1차 의료기관醫療器官인 우리 병원에서 폐암을 정확하게 진단했으니 내가 대학병원도 마음대로 예약하고 진료 일을 잡을 수 있을 것으로 생각했을지 모른다. 하지만 대학병원을 예약하는 것은 의사의 실력實力과 아무런 관계가 없다.

어느 대학병원이건 그 병원의 예약 상황이 있는 것이고 현재는 전공의 사직의 특수상황으로 대학병원 예약이 마음대로 될 수가 없는 상황이다. 한참을 실랑이 끝에 보호자의 마음을 달랠 수 있었다. 정확하게 표현하면 달랬기보다 사실을 직시하라고 충고忠告했다.

어릴 때는 친구들이 많았다. 나이가 들어 가면서 주변의 친구들이 줄어들었다. 나의 성품性品이 부족不足하여 그럴 것이다. 하지만 나에게 염치廉恥 없이 무리한 요구를 하는 친구들이 많았던 것은 사실이다.

아주 친한 친구가 있었다. 50년 지기知己의 친구였으니 정말 오랜 세월을 함께해 온 친구였다.

그 친구도 잃었다. 자세한 이유를 밝힐 수는 없지만 '기차당우차방旣借堂又借房'의 경우와 똑같다. 더구나 그 친구의 경우는 작은 부탁을 하고 큰 요구를 한 것이 아니었다.

큰 부탁을 하고 말도 안 되는 더 큰 요구를 한 경우이다. 시간이 흐르면 다시 회복될 수 있는 것이 친구의 관계일 수 있다. 그러나 회복 불가능한 관계가 된 것은 뻔뻔스럽게 무리한 요구를 계속했기 때문이다.

사람의 염치廉恥가 인간관계에서 매우 중요한 덕목임을 알 수 있다. 염치란 부끄러운 마음을 갖는 것이다. 부끄러움과 뻔뻔함은 매우 다른 태도이다. 염치의 태도가 이 세상에 필요한 것은 너무나 뻔뻔한 사람들이 우리 주변에 활개를 치고 있기 때문이 아닐까?

염치없는 의사도 많다. 염치없는 의사를 조심해야 하는 것은 환자의 생명이 걸려 있기 때문이다. 생명보다 소중한 가치價値는 없다.

의사醫師는 환자患者의 생명生命을 종교적宗敎的 신념信念보다 더 소중한 가치로 여겨야 한다. 그러한 직업職業적 윤리의식倫理意識은 의사의 본질을 아는 인식에서 기인基因한다.

03
불청객
(不請客)

'인생人生은 초대하지 않은 손님을 맞이하는 여정旅程'이다.

철학자의 명언처럼 들리지만 30년 동안 환자를 만나면서 느낀 나의 인생관人生觀이다. 인생을 바라보는 주관적 관념主觀的 觀念이 정립定立되었다니 새삼스럽게 세월의 무상함을 느낀다.

의사는 불청객을 매우 자주 맞이한다. 의사의 숙명宿命이다. 특히 사람의 호흡을 전문으로 진단하고 치료하는 호흡기내과 전문의는 예측하지 못한 환자를 만나게 된다.

미용을 전문으로 하는 피부과나 성형외과 개인 의원個人醫院의 의사는 초대된 환자를 진료한다. 미용의 특성상 대부분 미리 상담을 받은 후 시술이나 치료를 받는다.

미용의 진료행위나 치료할 때는 돌발 상황突發商況이 거의 없다. 예측이 가능하고 돌발 상황이 없는 것은 행복하다.

의료는 드라마가 아니다. 비행기 조종사들이 가장 싫어하는 현상이 '난기류亂氣流'이듯, 의사들도 갑자기 환자의 상태가 변하거나 예상하지 못한 환자를 만났을 때, 당황하고 피하려 한다.

초대받지 않은 손님을 반갑게 맞이할 수 있는 업종業種도 있다. 스포츠 경기나 공연의 티켓이 매진되지 않은 상태에서 예매하지 않은 관객이 갑자기 온다면 주최主催한 회사는 그런 관객을 반갑게 맞이할 것이다.

음식점飮食店에서 손님의 예약이 완료되지 않아 가게에 자리가 있을 때, 초대하지 않은 손님이 찾아온다면 가게 주인은 예약하지 않은 손님이라도 기쁜 마음으로 맞이한다.

3차 의료기관인 대학병원大學病院은 예상하지 못한 환자를 신속하고 정확하게 치료하기 위해 응급실應急室을 운영한다. 응급실에서 일하는 응급의학과應急醫學科 의사는 불청객을 맞이하는 데 전문적인 의학적 지식과 의술醫術을 갖고 있다.

독자들은 응급실에서 행해지는 모든 의료 행위가 응급의학과 전문의가 한다고 알고 있을지 모른다. 맞는 말이기도 하고 틀린 말이기도 하다. 응급의학과 전문의는 응급실에 오는 환자를 처음으로 대면對面하는 의사이다.

환자를 진료한 후 응급의학과 전문의가 진단하고 치료할 환자는 그렇게 한다. 그러나 응급의학과 전문의가 다양한 중증의 응급환자를 모두 치료하는 것은 아니다.

고관절股關節의 골절骨折이 심한 환자는 정형외과整形外科 전문의에게 연락하여 치료를 받을 수 있도록 하고 폐 섬유화증의 급성악화가 심한 환자는 호흡기내과 전문의에게 연락하여 치료하게 한다.

즉 유능한 응급의학과 전문의는 응급환자의 상태를 신속하게 진단하여 그 환자가 필요로 하는 전문의에게 빨리 치료받게 해 주는 역할을 한다.

응급실에서 응급의학과 전문의는 마치 항공기의 안전 운항을 위해 하늘의 교통을 정리하는 '항공航空관제사'와 같은 역할을 하면서 자신이 비행기를 직접 조종하는 조종사操縱士가 되기도 한다.

인간은 초대招待받은 손님일 수도 있고 초청招請받지 않은 손님일 수도 있다.

초대받은 손님일 수 있다는 의미는 행복한 삶을 살고 싶다는 의미의 관점으로 바라볼 수 있다는 의미이다. 인간은 고통을 즐기려는 극히 일부의 사람을 제외하고 거의 다 '행복과 쾌락'을 갈망渴望한다.

그러나 행복幸福과 쾌락快樂은 저절로 생기는 자연현상自然現象이 아니다. 참아 내고 노력해야 얻을 수 있는 결과이다. 각고刻苦의 노력努力 끝에 '쾌락快樂'을 얻었다고 해서 영원永遠하지 않다.

인간人間은 망각忘却의 존재이기 때문이다. 망각의 존재가 되는 순간 초청하지 않은 손님을 만나게 된다. 쾌락快樂은 더 큰 자극을 추구하고 더 큰 자극은 극치極致의 쾌락을 안겨 줄 수 있으나 다시금 고통의 늪에 빠질 수 있다.

어떤 강렬한 자극에도 적응할 수 있는 인간의 능력 때문이다. 불청객의 삶은 피할 수 없는 숙명이다. 몸이 갑자기 아플 수 있고, 예상하지 못한 사고事故를 겪을 수 있다. 여행을 가는 길에 죽음을 맞이할 수도 있는 현실現實이 인생이다.

육체적 고통肉體的 苦痛도 갑자기 찾아오는 불청객이지만 정신과 마음을 강타하는 초대하지 않은 손님도 있다. 세상만사世上萬事가 불청객을 맞이하는 일이다.

24세의 젊은 여성 환자가 6개월 동안 숨이 찬 증상으로 찾아왔다.

종일終日 숨이 차고 쌕쌕거리는 천명음喘鳴音이 들렸다. 보통 천명음은 청진기로 호흡음을 들을 때 들리지만 간혹 이 환자처럼 청진기 없이 그냥 들리는 경우가 있다.

청진기 없이도 들리는 천명음은 환자 자신의 귀에도 들린다. 숨이 차고 천명음이 들릴 때 의사가 제일 먼저 떠올리는 질환은 기관지 천식이다. 이 환자도 6개월 동안 다섯 곳의 병원에서 기관지 천식 진단을 받고 경구용 약 복용과 흡입기 치료제, 주사 치료를 받았다.

병의 진단이 제대로 된 경우 치료제의 선택이 올바르게 되었다면 그 병의 증상은 거의 좋아진다. 매우 이례적異例的인 경우를 제외하면 좋아져야 맞고 기관지 천식은 병의 특성이 가역적可逆的이라 더욱 그러하다.

그러나 환자는 증상의 호전이 전혀 없었다. 반응이 아예 없다는 것은 기관지 천식의 진단이 잘못되었다는 것을 의미한다. 24세 여자에게 너무나 큰 고통의 불청객不請客이 나타난 것이다. 의사는 불청객을 싫어한다고 말했다.

하지만 이 환자를 진료한 순간 내게는 너무나 익숙한 초대받은 손님이었다.

이 환자의 증상은 30년 전부터 숱하게 경험해 온 질환이기 때문이다. 의과대학을 다닐 때 내과학 시험문제에도 자주 등장하는 이 질환을 왜 다른 병원의 의사가 진단하지 못했을까?

만일 같은 경우의 질문을 의과대학 학생 시험문제에 냈더라면 많은 의대생이 정답을 말했을 것이다.

의과대학 학생醫科大學 學生보다 훨씬 더 경험이 많은 현직의사現職醫師

가 오진誤診의 오류誤謬를 범한 까닭은 의학적 지식의 부재不在보다 일상적日常的 경험을 일반화一般化 했기 때문이다.

이 환자는 기관지 천식이 아니라 기관지 결핵이다. 폐결핵은 흉부 사진에서 결핵의 병변이 보인다. 따라서 빠른 진단이 가능하다. 물론 폐결핵은 흉부 사진으로 확진하는 것이 아니다. 반드시 가래검사를 통해서 결핵균을 증명해야 하고 최근에는 결핵과 유사한 비결핵 항산균의 감염이 증가해서 이것도 감별해야 한다.

기관지 천식은 흉부 사진을 촬영하면 정상이다.

놀라운 사실은 기관지 결핵도 흉부 사진은 정상이다. 결핵의 진단명이 포함되어 있는데 영상학적 검사가 정상인 것이다.

그렇다면 나는 도대체 어떻게 기관지 결핵을 의심하고 진단할 수 있었을까?

첫째, 기관지 천식의 천명음은 24시간 들리지 않는다. 기관지 천식은 기관지가 좁아졌다가 풀리는 것이 병의 가장 큰 특징이다. 기관지 안이 좁아질 때 천명음이 들리는 것이다. 따라서 종일 천명음이 들린다는 증상 하나만 봐도 기관지 천식이 아닌 다른 질환을 의심해야 한다.

둘째, 기관지 천식이 맞았다면, 천식의 치료제를 복용하거나 흡입했을 때 증상이 좋아져야 한다, 특히 24세 젊은 나이에서 천식의 치료에 대한 반응은 매우 좋기 때문이다.

셋째, 천식의 경우에는 가래가 심하게 나오는 경우는 거의 없다.

위의 세 가지 증상만 생각해도 기관지 천식은 아니다. 기관지 천식과 증상이 비슷한 질환이며 젊은 여성인 점을 고려하면 즉시 기관지 결핵을 의심하고 기관지 내시경 검사를 해야 한다. 이 환자는 기관지 내시경 검사를 받았고 기관지 결핵을 확진하여 치료를 시작했다. 기관지 결핵의 치료를 시작했으니 환자는 이제 불청객을 안 만날까?

호흡기내과 전문의인 나는 기관지 결핵의 후유증을 너무 잘 알고 있다. 마음이 무겁다. 기관지 결핵은 폐결핵처럼 빨리 진단하기 매우 어렵다.

기관지 결핵은 개인의 문제가 되기도 하지만 보건 사회학적으로 큰 문제가 된다. 기관지 결핵은 폐결핵보다 다른 사람에 대한 전염력이 높다. 젊은 사람은 활동적이다. 여기저기 많이 돌아다니고 접촉하는 사람도 많다. 우리나라 결핵의 발병률이 OECD의 국가 중 아직도 1위이고 결핵으로 사망하는 사망률도 1위이다.

이 환자에게 가장 무서운 불청객은 기관지가 영구적으로 좁아지는 기관지 협착증이다.

기관지 협착증氣管支 狹窄症은 삶의 질을 매우 떨어트리는 아주 무서운 불청객이다.

기관지가 영구적永久的으로 좁아져서 평생을 호흡곤란에 시달려야 한다. 기관지 협착증의 유일한 치료는 좁아진 기관지의 안을 넓혀 주고 더 좁아지지 않도록 기관지 스텐트를 시술받는 길이다.

그러나 기관지 스텐트 시술도 완전한 치료 방법이 아니라 임시방편일 뿐이며 기관지 스텐트 시술 후에도 다양한 부작용들이 나타날 수 있다.

부디 이 젊은 환자의 삶에 '기관지 협착증氣管支 狹窄症'이라는 불청객不請客이 오지 않기를 두 손 모아 기도한다.

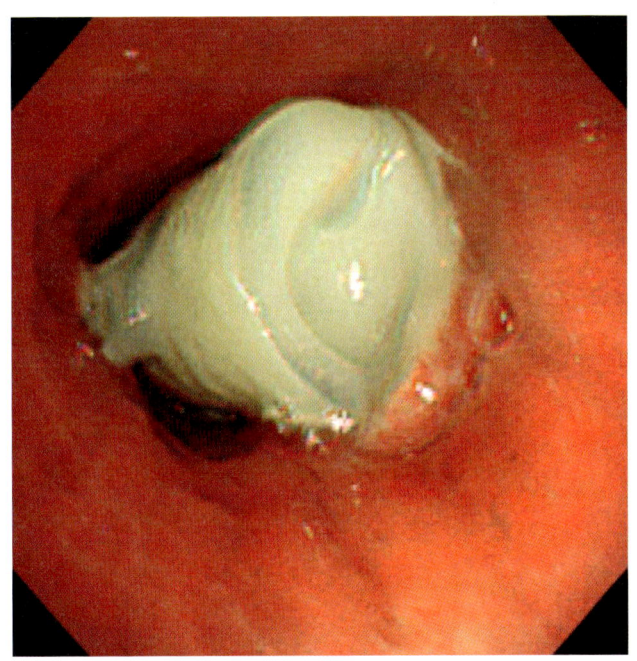

기관지 결핵의 후유증으로 기관지 협착증 발생, 기관지 스텐트 시술받은 사진

04
의약품 안전운영서비스(DUR)

47세 남자 환자는 최근에 사업의 실패로 불면증에 시달리고 공황장애를 겪었다. 수면제와 안정제 처방을 원하였다. 수면제 처방은 현재 28일 이상 처방이 불가능하다. 그 환자에게 수면제 21일 처방을 내렸다.

최근에는 거의 모든 병원과 의원이 전자진료기록부 프로그램을 사용한다. 진료기록부도 EMR이라는 전자 의무기록을 사용한다. 전자의무기록을 사용하면 기존의 의무기록을 이용할 때와는 비교도 되지 않게 편리하고 다양한 진료 지원 프로그램을 통해서 신속하고 정확하게 기록이 가능하다.

또, 심사평가원과 온라인으로 연결되어 DUR Drug Utility Review 서비스를 받을 수 있다.

DUR 서비스는 의약품 처방이나 조제 시, 병용 금기 등 의약품 안전성과 관련된 정보를 실시간 제공하여 부적절한 약의 사용을 사전에 점검

할 수 있도록 만든 시스템이다.

의사가 처방하면, 아무런 일없이 정상적으로 발급된다. 그런데 만일 그 환자가 다른 병원에서 이미 수면제를 처방받았을 경우, 전자 기록부에 'DUR' 팝업창이 뜬다.

환자가 이미 처방받은 병원의 이름과 처방받은 날짜와 시간, 몇 알을 처방받았는지 알려 준다. 우리나라가 왜 인터넷 강국인지 알 수 있는 시스템이다. 수면제가 향정신성 의약품이라 DUR 시스템에 걸리는 것이 아니다.

더 놀라운 사실은 함께 복용하면 안 되는 약까지 알려 준다. 예를 들어 어떤 환자가 콜레스테롤약을 다른 병원에서 처방을 받아 복용 중이다. 환자는 자신이 복용하고 있는 약을 진료한 의사에게 말해 줄 의무가 있으나 그 많은 약을 환자가 다 기억해서 의사에게 말해 주는 것은 불가능에 가깝다.

환자가 특정 약에 '알레르기'가 있었다는 정도는 말한다. 하지만 자신이 먹는 모든 약을 외우거나 핸드폰 사진으로 찍어 보관해서 다른 병원에서 다른 질환으로 진료할 때 진료한 의사에게 알려 주는 환자는 없다. 그래서 과거에는 같이 먹으면, 안 될 약을 먹어서 문제가 되는 경우가 많았다. DUR 시스템은 병용하면 안 될 약이 처방될 경우 경고의 알람 메시지가 나타난다.

항콜레스테롤 약을 먹는 환자가 급성 폐렴이나 심각한 기관지염이나 부비동의 세균성 염증 등의 병이 있을 때 항생제를 복용해야 한다. 항생제는 매우 다양한 종류가 있다.

그중, '마크로라이드계'의 항생제는 많이 사용되는 항생제다. '마크로라이드계열'의 항생제는 콜레스테롤 수치를 떨어뜨리는 약과 병용하면 안 된다. DUR 시스템의 알람 경고 메시지 덕분에 의사는 처방하려는 항생제를 세파계열의 항생제로 바꿔서 처방할 수 있다. 약으로 인한 부작용이 예방될 수 있는 것이다.

참으로 발전된 의료선진국의 시스템이 아닐 수 없다. DUR의 장점은 또 있다.

DUR 도입 이전, 일부 환자는 이 병원 저 병원을 돌아다니면서 약을 마음대로 탈 수 있었다. '향정신의약품' 또는 '마약류'의 약이 아닌 고혈압 약이나 당뇨약, 해열제, 항생제 등의 약을 이론적으로 백 곳 이상의 병원을 돌아다니며 수만 알의 혈압약을 타도 어떤 의사도 알 수 없었고 약사도 알 수 없었다.

오래전, 이러한 허점을 이용하여 일부 몰지각한 환자와 보호자는 혈압약 수십만 알을 의료보험으로 싸게 구매하여 인터넷이나 보따리 장사에게 돈을 더 받고 장사를 한 적이 있다.

예전부터 환자의 병원 쇼핑 현상은 있었다. 지금도 환자의 병원 쇼핑 현상은 남아 있다. 그러나 현재는 그 어떤 환자도 혈압약이나 당뇨약을 자기가 필요한 것 이상의 약을 처방받을 수 없다.

DUR시스템은 혈압약을 며칠 치를 받았는지 알 수 있기 때문이다.

혈압약을 '김내과'에서 6개월 치를 받고 한 달 후 '박내과'에 가서 혈압약을 6개월 치를 처방해 달라고 하는 상황일 때, 처음 박내과 원장은 이 환자가 '김내과'에서 혈압약 6개월 치를 받았다는 것을 모른다.

환자의 말을 믿고 혈압약을 6개월 치를 전자 기록부에 입력하는 순간 바로 DUR 팝업창에 경고 메시지가 뜬다. 한 달 전, '김내과'에서 혈압약을 6개월 치를 받았다는 경고 알림이 뜨는 것이다.

박내과 원장은 혈압약을 처방하지 않는다. 예외의 경우가 있을 수 있다. '김내과'에서 6개월 혈압약을 처방받은 환자가 회사 일로 급하게 내일 해외로 9개월 장기 출장을 갈 상황이다. 이런 경우에 이 환자는 6개월의 혈압약 중에서 한 달을 복용했으니 5개월의 혈압약이 남아 있다.

이런 특수한 경우에는 박내과 원장이 4개월의 혈압약을 처방할 수 있다. 그러나 무조건 처방하면 그 책임은 의사에게 돌아온다. 나중에 중복으로 처방하였다며 혈압약값 전부를 의사에게 배상하라는 연락이 온다.

현재 우리나라의 필수의료는 보험관리 공단에서 진료비를 지원해 주는 제도인 '강제보험 지정제'이다. 의사가 모르고 했든지 알고 그랬든지 의사가 처방한 약에 대한 약값을 의사가 물어내야 한다.

상식적으로 이해가 안 되는 제도이다. 약국은 약값을 받고 환자에게 주었고, 환자는 그 약을 먹고 병을 조절한다. 의사는 자신의 진단에 따라서 약을 처방한 것이다. 의사는 약값을 한 푼도 받지 않았다. 약값은 약국이 받았다.

그런데 중복처방 또는 고가의 항생제 처방을 했을 때 거기에 대한 경제적 책임약값을 백 퍼센트 의사에게 묻는다. 이해할 수 있는가? 이런 제도에서 의사가 소신의 진료를 할 수 있을까?

의사는 환자를 빨리 치료하기 원한다. 비싼 약이 다 좋다는 뜻이 아니다. 하지만 분명하게 차이가 나는 경우도 많다. 특히 항생제 선택은 매우 그러하다. 항생제는 다양한 계열의 많은 약이 있다.

고가의 항생제를 경증의 환자에게 쓰면 안 된다. 그것은 경제적 문제보다 항생제 내성의 심각한 문제가 있기 때문이다. 그러나 중증의 환자에게 저렴한 항생제를 쓴다면 환자는 위험에 빠질 수 있다. 경제적으로 따져 봐도 더 큰 손해이다.

중증의 환자에게 고가의 항생제를 즉시 투여하여 일주일 만에 환자의 질환이 좋아질 때의 약값이 30만 원 들었다고 가정해 보자. 중증의 환자에게 저렴한 항생제를 1주일 동안 사용하여 5만 원의 약값이 소요되었다. 중증의 환자가 좋아질 수 없다. 다시 중간 정도 비용의 항생제를 1주일 더 사용하여, 10만 원의 약값이 나왔다. 환자가 좋아지지 않는다. 이제는 할 수 없이 고가의 항생제를 1주일 동안 사용하여 30만 원 약값이 나왔다.

계산해 보자. 즉시 고가의 항생제로 치료한 환자는 1주일의 시간과 30만 원 약값으로 치료되었다. 저렴한 항생제부터 시작한 환자는 무려 3주일의 시간이 들어가고 약값도 45만 원 소요되었다. 어떤 생각이 드는가? 우리나라 심평원이 의사에게 권고하고 주장하는 것은 후자이다. 약하고 저렴한 항생제를 먼저 사용해 보고 환자가 좋아지지 않으면 점진적으로 고가의 항생제를 사용하라는 것이다.

그런데 심사평가원의 직원이 책상에 앉아서 환자의 상태를 알 수가 있을까?

아니 병원에서 상주해도 의사가 아닌 일반인이 항생제 선택의 올바른 판단을 할 수 있을까?

환자를 진료한 의사가 판단하고 선택할 문제이다.

환자를 치료하는 것이 자판기에서 음료를 뽑듯이 단추를 눌러서 치료하는 것은 아니다. 환자는 같은 질환이라도 환자의 현재 건강상태와 동반된 다른 질환이나 체중, 성별, 약에 대한 반응의 상이점 등 매우 많은 변수를 가진 유기체다.

2023년 하반기 하부호흡기 감염 분석심사 결과 안내문

기관 정보

요양기관명칭	고운숨결내과의원
요양기관기호	11392851

분석심사 결과 안내문

국민 건강증진 및 건강보험제도 발전을 위해 항상 협조해 주시는 귀 기관의 노고에 감사드립니다.

건강보험심사평가원은 고혈압, 당뇨병, 천식, 만성폐쇄성폐질환, 하부호흡기 감염 등 11개 주제를 대상으로 의료현장 전문가 등이 참여한 위원회를 통하여 개발된 임상과 비용 영역의 분석지표를 활용하여 의학적 근거 기반 및 환자 중심의 진료 제공을 지원하는 주제별 분석심사를 시행하고 있습니다.

요양기관이 청구한 자료를 분석하여 주제별 분석심사 환자 현황과 분석지표 결과 등을 산출하며, 타 기관과 비교하여 분석결과의 개선이 필요한 경우 환자 진료에 참고할 수 있도록 기관에 안내하고 있습니다.

귀 원의 하부호흡기 감염 환자 청구 현황과 분석지표 결과 등을 안내드리오니 적극적인 관심과 협조 부탁드립니다.

아울러, 귀 원의 지표별 결과가 개선되지 않는 경우 의료현장 전문가들로 구성된 전문가 심사위원회를 통한 심사가 이루어질 수 있음을 알려드립니다.

건강보험심사평가원에서 고운숨결내과로
하부기도질환 항생제 처방 분석 결과를 보내며,
우리 병원의 진료가 개선되지 않으면 정밀 심사하겠다는 공문

종합 분석결과

● **하부호흡기 감염 분석지표 결과 (귀 원의 위치)**

• 2023년 하반기 하부호흡기 감염 분석심사 임상/비용영역 지표 종합 평가결과 귀 원은 '비용과 질 관리가 필요한 영역'에 위치하는 것으로 확인되었습니다. 이에, 하부호흡기 감염의 적절한 관리를 위한 환자 모니터링 및 추적관찰, 검사에 대한 안내를 드립니다.

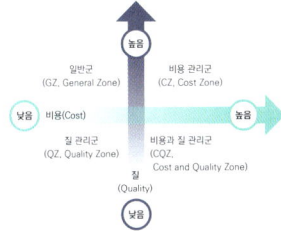

구분	지표결과 해석	귀원
CQZ	비용과 질 관리가 필요한 영역	V
CZ	비용 관리가 필요한 영역	
QZ	질 관리가 필요한 영역	
GZ	질과 비용 모두 적정 영역	

● **하부호흡기 감염 분석심사 대상**

• **(청구 명세서)** 만성폐쇄성폐질환 또는 천식 요양급여 적정성 평가 대상 기관*에서 **주상병** 또는 **제1부상병**을 폐렴(J13~J18), 급성기관지염(J20~J22), 만성기관지염(J40~J42)으로 청구한 만 15세 이상 외래 명세서

* 2021년 8차 만성폐쇄성폐질환 또는 2021년 9차 천식 적정성 평가 기준

• **(대상 기간)** 2023년 8월 ~ 2023년 12월 외래 심사결정분(2023년 하반기)
• **(보험자 종별)** 건강보험, 의료급여

● **외래 청구현황**

• 귀 원의 2023년 하반기 외래 청구 중 하부호흡기 감염 관련 청구는 6,677건, 2,597명으로 확인됩니다.

(단위: 건, 명, 건, 일, 원)

구분	명세서 건수	환자 수	처방전 건수	환자당 내원일수	청구금액
전체 (외래)	10,754	3,881	9,274	3	1,177,019,772
하부호흡기 감염 분석심사대상	6,677	2,597	5,623	3	626,795,562

호흡기내과 전문의가 환자의 정도에 따라 항생제를 선택해서 치료하는 것은 매우 중요한 의학적 선택이다. 환자의 상태를 아예 모르는 심평원은 우리 병원의 치료 결과를 치료약제가 비싸다는 이유로 비용과 질 관리가 필요하다는 경고를 보낸다.

환자를 진단하고 치료하는 모든 영역은 의사의 고유 권한이다.

그래서 의사가 책임을 지는 것 아닌가? 환자가 잘못되면 심사평가원이 그 어떤 책임을 질 수 있는가? 건강보험공단이 환자를 책임질 수 있는가?

책임責任을 질 때는 권한權限이 따라야 한다. 권한이 있어야 책임을 지는 것이다.

의사는 환자를 잘 봐야 하는 의무와 책임과 권한이 있다. 치료에 사용한 약값은 의사와 아무런 상관이 없다. 아무런 상관이 없는 약값까지 의사에게 배상하라고 하는 현행 제도에서 과연 어떤 의사가 환자만 생각하며 '소신의 진료'를 할 수 있는지를 모두가 생각해 봐야 할 중대한 문제가 아닌가?

2025년 의료의 수가 인상 폭을 1.96% 올린다는 발표가 최근에 있었다. 2024년 국민연금기초 소득월액은 2023년 대비 4.5% 증가했다. 2025년도의 물가상승률도 더했면 더했지 줄어들지 않을 것이라는 전망이다.

필수의료를 살리겠다는 정부의 외침은 그냥 외침일 뿐이다. 현재도 미래도 필수의료의 수가는 원가에도 미치지 않을 것이다.

개인적個人的으로 볼 때 아마 영원히 필수의료 수가의 원가 보존은 안 될 것이다. 누가 환자를 살리는 필수의료를 하겠다고 나서겠는가?

일반적인 물가 상승률만큼 올려도 원가의 70% 수준이다.

해마다 물가는 4% 이상 올라가는데 '의료수가醫療酬價'는 해마다 2% 미만으로 올린다. 5년 후, 10년 후 20년 후에 '의료수가醫療酬價'는 원가의 70%도 유지하지 못할 것이다. 대한민국의 필수의료는 붕괴가 되고 그 붕괴는 가속화加速化 될 것이다.

DUR 시스템은 세계적으로 잘 구축된 시스템이다. 50년 동안 대한민국의 의료는 세계적으로 최고 수준에 올라왔다. 왜 이렇게 훌륭한 우리나라의 K-의료를 망가트리려 하는지 이해가 안 된다.

앞으로 대한민국에서 살아야 할 우리의 자녀들과 후배들의 건강을 누가 지키고 감당할 수 있을까? 나 자신도 노화가 올 것이고 아플 것이다. 의사인 나도 어느 의사에게 나의 몸을 맡길 수 있을지 실로 큰 염려念慮가 된다.

교육敎育은 백년지대계百年之大計라 했다. 왜 교육이 백년지대계인가? 교육은 어린이와 청소년을 우리나라를 이끌어 갈 미래의 주역으로 길러 내는 매우 중요한 일이기 때문이다.

의료 또한 같다. 의료는 그냥 아픈 사람을 치료하는 단순한 의미가 아니다. 국가의 미래가 걸려 있고 국민의 건강과 행복이 달린 문제이며 국가안보의 문제이다.

'당리당략黨利黨略'이나 '포퓰리즘' 정책에 근거하여 결정하면 안 되는 문제이다. 모든 피해는 우리가 받는 것이고 우리의 후손이 받게 된다. 정책의 입안자와 정치가는 미래의 부채負債와 책임責任을 후세대後世代에 물려주면 안 된다. 현재의 문제를 직시하고 지금의 문제를 공론화公論化하여 해결해야 한다.

'눈 가리고 아웅한다'는 식으로 국민을 속이면 우리나라의 미래未來는 위기危機에 빠질 것이다.

05
증상(症狀)의 실체(實體)와 허상(虛像)

증상은 환자가 어떠한 질환에 걸렸을 때 주관적으로 인식하는 느낌을 말한다. 이러한 증상은 의학적으로 5가지의 종류로 구분한다.

첫 번째, 소멸성 증상消滅性 症狀으로 나타났다가 완전히 사라지는 증상을 말한다. 예를 들어, 급성 충수염으로 오른쪽 아래 하복부의 극심한 통증의 증상이 있던 경우, 수술로 충수를 제거하면 통증이 완전히 사라진다.

두 번째, 급성 증상急性 症狀이다. 급성 증상은 환자의 증상이 말 그대로 매우 급격하게 발생하는 것이다. 대부분 급성 증상은 감기나 독감 등의 바이러스 질환으로 인해 발생하고 치료도 어렵지 않으나 간혹 심근경색이나 뇌출혈, 호흡기질환의 급성악화, 기흉氣胸 발생 등 응급치료가 필요한 질환도 있다.

세 번째, 만성 증상慢性症狀이다. 만성은 발생했다가 사라졌다가 다시 증상이 나타나고 이런 경험을 반복하게 되는 증상을 말한다. 예를 들어 기관지 천식은 기침과 호흡곤란이 반복된다. 심해졌다가 치료를 받으면 사라졌다가 치료를 종료하거나 치료 중에도 감기 등의 바이러스 감염이 될 때 다시 증상이 나타난다.

네 번째, 재발성 증상 再發性 症狀이다. 이 증상은 만성증상과는 구분되는데, 만성증상은 증상이 없는 기간이 짧은 특징과 주기적으로 반복되는 데 반하여 재발성 증상은 증상이 없는 기간이 길고 만성처럼 자주 반복되지 않고 치료에 잘 순응하는 증상이다. 예를 들어 우울증의 재발이나 통풍의 재발, 폐렴의 재발이다. 그러나 암의 재발처럼 다시 재발했을 때 치료에 잘 반응하지 않고 생명이 위험해질 수도 있다.

다섯 번째, 비특이적 증상 特異的 症狀이다. 비특이적이라는 말은 특정할 수 없다는 말이다. 이 뜻은 특정 질환이나 해부학적 장기에 따른 증상이 아니라는 말이다.

기침의 증상은 대부분 호흡기질환이나 역류성 식도염, 또는 역류성 후두염의 증상이므로 특이적 증상이라고 말할 수 있다.

그러나 피곤 疲困함과 무력감 無力感의 증상은 질환을 특정 지을 수 없다.

갑상선 甲狀腺 질환이나 소화기 消化器 질환, 심장 心臟 질환 등 내과적인 문제로 나타날 수 있고 정신과적인 문제로도 나타날 수 있으며 각종 암의 전조증상으로도 나타날 수 있다. 때로는 건강한 사람도 그날의 몸

상태에 따라 피로함과 무력감을 호소할 수도 있다. 비특이적 증상은 우리 몸의 상태를 정확하게 특정할 수 없어서 중요하다.

호흡기 내과학적 呼吸器 內科學的으로 증상의 실체와 허상을 주의 깊게 인식해야 함은 매우 중요하다. 환자에게 증상이 중요한 가장 큰 이유는 증상이 나타나야 의사를 찾아오기 때문이다.

아무런 증상이 없는데 병원을 오는 환자는 없다. 아무런 증상이 없을 때 병원을 오는 경우는 건강검진 健康檢診 뿐이다.

호흡기질환자는 기침이나 호흡곤란, 흉부 통증, 가래, 객혈, 열 등의 증상이 있을 때 병원을 온다. 이런 증상이 없을 때 나를 찾아오는 경우는 건강검진 결과 흉부 사진이나 흉부 CT 검사에서 이상소견이 발견되었을 때이다.

증상은 실체가 있다. 실체가 있다는 것은 원인이 있다는 말이다. 의사는 증상의 정확한 원인을 찾아서 원인적 치료를 해야 한다. 간혹 증상이 심하지 않다고 판단될 때도 있고 증상의 발현 發顯 시간이 얼마 안 된 경우에 원인에 대한 자세한 검사 없이 치료할 때도 흔하다.

의사의 임상경험을 바탕으로 경험적 經驗的 치료를 하는 것이고 의사는 이러한 치료를 대증치료 對症治療라고 부른다.

단순한 감기로 판단되는 증상일 때 흉부 CT나 기관지 내시경 검사를 하자고 하는 호흡기내과 전문의는 없다. 특히 1차 의료기관인 개인 의원은 대중치료를 많이 한다. 환자가 3일 정도의 기침을 했다고 바로 대학병원을 찾아가는 경우는 극히 드물다.

보통은 가까운 동네 의원을 찾아간다. 동네 의원은 환자가 처음 찾아오는 의료체계의 첫 관문이다. 동네 의원의 주치의가 중요한 이유이며, 동네 의원에서 정밀한 진단이 어려운 까닭이기도 하다.

대학병원으로 가는 환자는 증상이 심각하거나 오래되었거나, 이미 동네 의원에서 어떤 질환이 의심된다는 소견을 받고 가는 경우가 많다. 따라서 의료 진단의 측면에서 본다면 1차 의료기관에 근무하는 의사가 병의 정확한 진단을 하기 더 어려울 수 있다.

의료장비醫療裝備나 시설규모施設規模, 인력人力의 측면을 고려하면, 대학병원은 개인 의원보다 월등越等하기 때문이다. 최근에는 대학병원급의 장비와 실력을 갖춘 개인 전문병원들도 많아져서 환자의 의료접근성이 한층 편리해졌다.

환자를 진료하고 치료할 때 가장 조심해야 할 의학적 난제難題가 증상의 허상虛像이다. 허상이란 실제로는 없는 것이 있는 것처럼 보이거나, 실제와는 다른 것으로 나타나 보이는 모습을 말한다.

75세 남자 환자는 6개월 동안 계속되는 만성 기침의 증상이 있었다. 만성 기침의 정의는 두 달 이상 기침이 계속될 때, 만성적 기침으로 정의

한다.

만성 기침의 증상이 있는 경우, 거의 모든 환자는 병원을 찾아간다. 증상이 있으면 병원을 찾아가는데 3개월이나 기침을 했다면 의사를 찾아가지 않는 것이 이상하다.

이 환자는 다른 병원에서 흉부 사진을 촬영했다. 흉부 사진에서 좌측 폐에 약 8cm 정도의 종양이 보였다. 환자를 진료한 의사는 폐결핵으로 인한 종양으로 판단하고 환자에게 항결핵약을 처방했다. 결핵약을 복용한 환자의 기침은 좋아지지 않았다. 계속되는 기침으로 우리 병원으로 왔다.

환자의 흉부 사진을 확인한 나는 환자에게 조영제造影劑를 사용하는 조영제 흉부 CT 촬영을 해야 한다고 설명했다. 조영제 흉부 CT 촬영은 폐에 종양이 의심될 때 촬영하는 방법이다. 조영제를 사용하지 않는 저선량 흉부 CT 촬영과 다른 검사이다. 폐암의 진단 시 림프절 전이, 종양의 주위 혈관 침범 여부, 흉막의 전이 여부를 판단하기 위해서 조영제 흉부 CT 촬영이 필요하다.

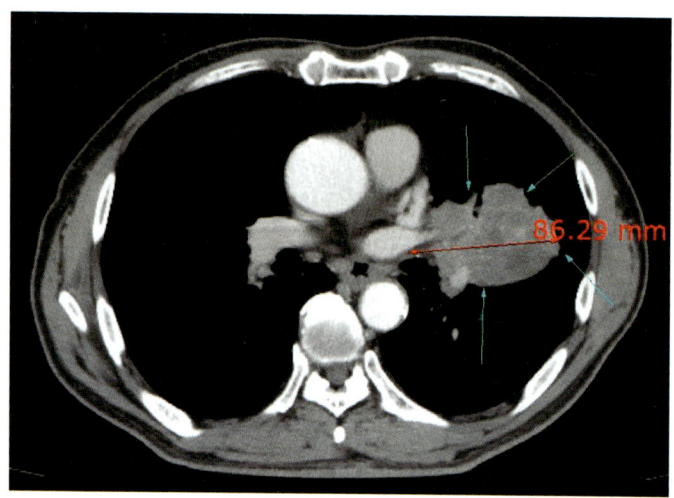

조영제 흉부 CT 결과 좌측 폐에 약 8.6cm의 폐 종괴가 있다.

조영제 흉부 CT 검사로 폐암이 확진되는 것이 아니다. 폐암 확진은 종양에서 직접 조직검사를 통해 이루어진다. 종양에서 직접 조직검사를 하는 방법은 종양의 발생 위치에 따라 다른데 기관지에서 가까운 부위의 종양인 경우, 기관지 내시경 검사를 시행하여 조직검사를 하고, 기관지에서 멀리 떨어져 있는 말초성 종양의 경우에는 폐의 밖에서 긴 바늘을 이용하는 경피적 세침 흡인 폐생검PCNB: Percutaneous needle aspiration biopsy을 한다.

이 환자는 종양의 발생 위치가 기관지와 인접해서 기관지 내시경 검사를 통해 조직검사를 시행했고 조직검사결과 폐암이 확진되었다.

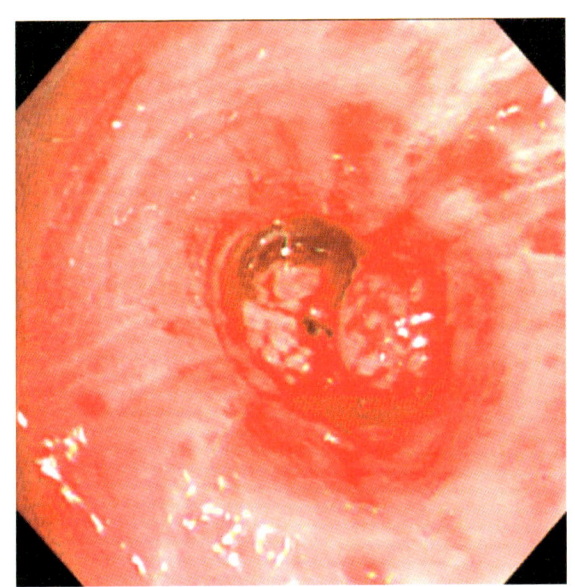

좌측 기관지를 종괴가 막고 있는 기관지 내시경 검사 사진

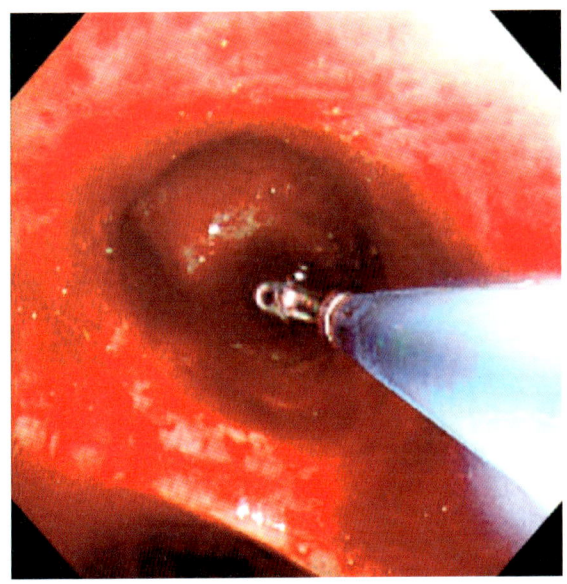

종양에서 기관지 내시경 조직검사를 통해 폐암 확진

환자를 진료할 때 증상의 허상이 얼마나 위험한 것인지 보여 주는 단적인 예다. 증상의 허상뿐 아니라 결핵을 진단하고 치료할 때 정확한 규칙을 지켜야 하는 것이 왜 중요한지를 말하는 극명克明한 예다.

폐결핵은 원칙적으로 영상학적 검사로만 진단하고 치료하면 안 된다. 결핵은 '마이코박테륨mycobacterium'이라는 결핵균이 사람의 몸 안으로 들어와 일으키는 전염성 질환이다. 폐결핵을 진단하기 위해서는 결핵균을 증명해야 한다.

결핵의 영상학적 소견은 천차만별千差萬別이다. 전형적인 모습으로 보이기도 하고 매우 다른 모습으로 보이기도 한다.

특히, 폐결절pulmonary nodule 또는 폐 공동pulmonary cavity의 영상학적 소견이 보일 때는 더욱 조심해야 한다. 폐암이 동반될 때도 있기 때문이다. 의사를 더 헷갈리게 할 때도 있다. 실제로 폐결핵이 동반된 폐암도 있기 때문이다.

가래검사에서 결핵균이 증명된다면 거의 모든 의사는 폐결핵으로 확진했다고 생각하고 결핵의 치료만 할 것 아닌가? 결핵은 치료되겠지만 환자는 폐암의 치료 시기를 놓치는 중차대重且大한 결과를 맞이하게 된다.

의사의 길이 이렇게 어렵다. 호흡기내과 전문의의 삶은 녹록지 않다. 잠깐의 긴장을 놓는 순간 환자를 잃는다.

법의 다툼은 1심과 고등법원, 대법원 제도가 있다. 1심에서의 판결이 2심에서 뒤바뀔 때도 있다. 피고인被告人은 한 번 이상의 기회가 있으나 중환자重患者는 딱 한 번의 기회밖에 없다.

그 한 번의 기회를 놓치면 죽거나 회복불능回復不能의 장애가 남게 된다.

호흡기내과 의사는 삶의 여유를 즐길 수 없는 운명을 타고난 사람일 수 있다.

6년 전 『'숨' 쉴 때마다 네가 '필요해'』라는 책을 저술할 때 나는 다시 태어나도 호흡기내과 의사의 삶을 선택할 것으로 생각했었다.

사람이 다시 태어난다는 의미는 종교적 해석에 따라 다르겠지만 사람들이 흔히 '다시 태어나면'이라고 말하는 의미는 현재의 삶이 행복하지 않거나 너무 힘들어서 상상을 해 보는 의미일 것이다.

나는 행복한 의사이고 축복받은 의사이지만 지금 이 책을 쓰고 있는 순간 내가 만일 다시 태어난다면 의사를 선택하고 싶지 않다.

더욱이 호흡기내과 전문의는 다시 선택하고 싶지 않다.

환자의 생명을 감당하는 압박감이나 중압감에서 벗어나고 싶다. 한때 유행했던 말처럼 '저녁 있는 삶'을 살고 싶다. '저녁 있는 삶'의 뜻이 실제로 저녁을 못 먹어서이지 않듯이 30년을 긴장 속에서 스스로 삶을 던진 채 살아왔다는 것을 온몸으로 느낀 지금의 나는 다시는 이 길을 걷고 싶지 않다.

평범함 속에 행복이 있는 것 아닌가?

특별해도 너무 특별한 삶을 살아왔다. 잘난 삶을 살아왔다고 말하는 것이 아니다. 특별한 재능을 갖고 살아왔다고 말하는 것은 더욱 아니다.

감정感情은 전염성傳染性이 있다. 반평생半平生을 아픈 사람의 애환哀歡과 생사生死의 갈림길에 있는 환자를 위해 '고군분투孤軍奮鬪'를 해 온 나의 지친 심신心身에 안식安息을 주고 싶을 뿐이다.

제5장

감정의 쓰레기통

―

기억의 편린(片鱗)

―

남한산성(南漢山城)

―

출구전략(出口戰略)

―

남원북철(南轅北轍)

―

삶과 죽음에 대한 관점(觀點)

01
감정의
쓰레기통

75세 남자는 '건강염려증' 환자다. '건강염려증불안장애'은 자신이 심각한 질병에 걸렸다는 믿음이나 걸릴 수 있다는 공포에 사로잡혀서 자신의 건강을 비정상적으로 염려하고 병에 집착하는 질병으로 신체형 장애에 속한다.

이 환자는 감기만 걸려 기침을 해도 '폐암'에 걸렸다고 생각하며 정상적인 생활을 할 수가 없었다. 내게 처음 왔을 때 '건강염려증' 환자라는 것을 몰랐다. 환자를 처음 볼 때 의사는 "어디가 아파서 왔나요?"라고 질문한다.

내과 의사가 환자를 진료할 때의 첫 시작은 일단 환자의 전체적인 외모를 본다. 눈빛이나 안색이나 숨을 쉬고 있는 호흡의 형태나 몸에 상처가 있는지 등을 본다. 그리고 하는 일은 환자에게 질문하는 것이다. "어디가 아파서 왔나요?" 질문하면, 환자는 자신의 증상을 말한다.

이러한 과정이 진료의 첫 시작이다. 75세 할아버지의 증상은 기침과 호흡곤란 흉부 통증, 객혈가래에 피가 나오는 현상이다. 호흡기내과 전문의의 긴장감을 불러오는 증상을 다 말한 것이다.

특히 가래에 피가 나온다는 말은 검사가 필요하다는 당위성을 떠오르게 한다. 가래에 피가 나오는 증상을 듣고서 아무런 검사 없이 약만 처방해 준다거나 그냥 기다려 보자고 말하는 의사는 없다.

그런 의사가 있다면 그 의사는 의사의 면허증이 없는 사기꾼이거나 제정신이 아닌 미친 의사일 것이다. 자세한 증상을 묻고, 흡연吸煙 여부與좀를 물어보고, 증상이 언제부터 시작되었으며 객혈의 양과 색깔을 물어본 후 정밀 검사가 필요하다는 결론에 도달했다.

일반적一般的인 검사로만 폐나 기관지의 다양한 질병을 밝힐 수가 없다. 저선량 흉부 CT와 기관지 내시경 검사를 시행했다. 폐에는 이상이 없었고 기관지는 만성적인 기관지염이 있었다.

객혈喀血의 원인이 되는 기관지염이 확인되었으니 환자에게 객혈과 기침의 원인은 만성기관지염 때문에 발생한 것이라는 설명과 함께 치료제治療劑를 처방했다. 늘 겪는 평범한 일이었다. 2주의 시간이 지났다. 75세 환자는 다시 우리 병원으로 왔다. 이번에도 똑같은 증상을 호소했다. 가래에 피가 나고 숨이 차고 기침이 나온다고 했다.

불과 2주 전에 정밀 검사를 받았기 때문에 더 이상의 검사는 필요가 없다고 설명했다. 만성기관지염은 오래갈 수 있는 병이고 가래에 피가 섞여 나오는 것을 보면 불안할 수 있겠으나 원인을 정확하게 알았기 때문에 추가로 검사를 할 필요는 없다고 말했다.

그러나 이 환자는 강력하게 주장했다. 혹시나 검사가 잘못될 수도 있으니 기관지 내시경 검사를 다시 받고 싶다고 말했다.

나는 기관지내시경 전문가Bronchoscopist이다.

호흡기 내과 전문의라고 해서 모든 호흡기내과 의사가 기관지 내시경 검사를 능수능란하게 하는 것은 아니다. 하지만 나는 호흡기내과 전문의고 기관지 내시경 검사 전문가이다. 환자가 염려하는 것처럼 기관지암이나 폐암이 있는데 실수로 놓쳤을 리가 없다. 환자는 그래도 자신의 피가래가 계속되니 불안하다고 말하며 다시 기관지 내시경 검사를 해달라고 요구했다.

보통은 이러한 환자의 무리한 요구는 안 들어주는 것이 맞으나 이 환자는 막무가내로 억지를 부리기 때문에 할 수 없이 환자의 요구를 들어주었다. 결과는 변함이 없었다. 기관지암은 없었으며 폐암도 없었다. 그 이후에도 수차례 이상 기관지 내시경 검사를 요청했다.

이러한 경우는 두 가지의 가능성만 존재한다. 첫째, 환자가 '건강염려증'의 일종인 신경정신학적인 질환을 앓는 것이다. 둘째, 환자가 '기관지 내시경 검사' 시 사용되는 수면유도제에 중독中毒된 경우이다. 이 환자는 '건강 염려증'이 심한 경우로 판단되었다.

'건강 염려증'은 검사를 해서 병이 없다는 것을 알려 주어도 환자의 근심과 걱정, 공포감은 사라지지 않는다. 신경 정신과적인 치료를 받아야 한다. 문제는 환자가 자신의 병을 인정하지 않는다는 데 있다.

자신의 공포감과 두려움을 정신과적인 문제로 인식하지 않으므로 정신과 전문의를 찾아가지 않는다. 지속해서 검사를 요구한다. 요구가 안 통하면, 부탁하고 애원한다. 별의별 방법을 다 동원해서라도 검사를 받으려고 애쓴다. 검사를 받지 못하면 자신은 폐암에 걸려서 죽을 것이라는 공포감에 휩싸이기 때문이다.

내과 의사는 환자를 대면하고 환자의 증상을 듣고 진단의 첫 시작을 하는 직업이다. 환자는 자신의 아픈 증상만 말하는 것이 아니다. 오만가지 이야기를 한다. 독자들이 상상할 수 없는 이야기의 보따리를 풀어놓는 환자가 많다.

우리나라 건강보험保險制度의 제도는 의사가 환자들의 많은 이야기를 들어 줄 수가 없는 구조적構造的 문제問題를 갖고 있다. 하루에 백오십 명에서 이백 명의 환자를 보고, 검사도 의사가 직접 시술하는 과정에서 환자의 모든 이야기를 들어 줄 수 있는 의사는 거의 없다.

하루에 환자를 삼십 명 미만으로 보는 의사들은 그렇게 할 수 있으나 하루에 삼십 명 미만의 환자를 보는 내과는 병원의 경영을 지속할 수가 없다. 망하기 때문이다. 내과의 경우 하루에 육십 명 이상의 환자를 진료해야 정상적인 병원 운영이 가능하다.

이러한 현상은 의사의 잘못이 아니다. 국가가 '의료의 수가'를 원가 이하로 50년 이상 유지해 오고 있기 때문이다.

감정의 쓰레기통을 요즘 MZ세대들은 '감쓰'라고 말한다. MZ세대는 밀레니얼 세대M세대와 Z세대를 묶어 부르는 표현으로 2020년대 초 언론을 통해서 갑작스레 유행한 신조어이다.

일반적으로 1981년부터 2010년까지 출생한 사람으로 정의한다. 전기 밀레니얼1981년-1988년과 후기 밀레니얼1989년-1996년의 시대로 구분하기도 한다.

밀레니얼 세대는 최초의 글로벌 세대이며 인터넷 시대에 성장한 첫 세대로 묘사되었다. 이 세대는 일반적으로 인터넷, 모바일 장치 및 소셜 미디어의 사용 증가와 친숙함을 특징으로 들 수 있으며 이러한 이유로 디지털 원주민이라고 불리기도 한다.

'감쓰'는 감정의 쓰레기통의 줄인 말이다. '감쓰'의 정확한 뜻은 친구나 지인이 즉 자신과 개인적인 친밀도가 어느 정도 있는 사람이 지속해서 자신의 처지나 상황들을 이야기하면서 본인의 감정을 풀어내는 것을 말한다.

상대방의 감정 폭발이나 우울한 이야기, 힘들다는 이야기를 듣고 있는 사람의 입장은 '감쓰'가 된다. '감쓰'의 신조어가 MZ세대에서 처음으로 나온 말이지만 MZ세대보다 위의 세대들도 '감쓰'의 경험은 많이 있다. 그러한 현상을 정확히 표현 못 했을 뿐이다.

의사들도 환자로부터 '감쓰'의 경험을 겪는 경우가 매우 많다. 환자들은 볼 때마다 하는 말들이 거의 같다. '아프다', '힘들다', '왜 이렇게 빨리 안 좋아지냐', '왜 다시 병이 재발하냐', '검사를 했는데 병의 원인을 왜 모르는가?', '왜 약을 먹었는데 완치가 안 되는가?' 등의 말을 한다.

한 사람이 열 마디를 한다면 백 명의 환자를 볼 때, 천 마디의 말을 듣는 것이다. 환자는 아픈 사람이고 자신의 증상을 말할 권리도 의무도 있다.

의사는 환자를 치료하는 사람이고 환자의 말을 잘 들어야 할 의무와 권리가 있다. 환자는 자신의 병과 관련 없는 이야기들도 많이 한다.

좋은 의사는 그러한 말들도 다 들어 주고 이해하고 공감해 준다. 하지만 아무리 좋은 의사도 그러한 부정적인 말들을 하루에 백 명 이상의 환자들에게 1년, 10년, 20년 이상 듣게 된다면 의사의 마음도 상처를 받는다.

사람들은 자신이 '감쓰'의 대상이 되었다고 깨닫는 순간 인연을 끊음으로 '감쓰'를 피한다.

의사는 환자와의 인연을 끊을 수가 없다. 숙명이다. 의사는 언제나 환자의 이야기에 귀를 기울여야 한다. 과도한 요구나 무리한 부탁은 당연히 거절한다.

의사는 '감쓰'가 되더라도 스스로 자신의 감정을 잘 조절해야 한다. 특히 필수의료를 담당하는 의사는 '감쓰'로 자신의 에너지를 소모할 여유조차 없다. 환자의 생명을 치료하고 보살피는데 '감쓰'를 느끼는 것 자체가 감정의 사치奢侈이다.

진료실 바로 옆 서브데스크는 '감쓰'를 받는 힘든 자리이다.

02
기억의
편린(片鱗)

인간은 학습하고 기억하는 동물이다. 인간이 만물의 영장으로 불리고 세상을 지배한 이유는 바로 기억하고 배우는 능력 때문이다. 사람의 뇌는 새로운 것을 배우고 기억하고 적용하는 방향으로 진화했다.

신神은 인간의 뇌가 진화하는 걸 허락했으나 인간이 기억을 끝없이 저장하지 않도록 배려했다. 만일 인간이 보고 듣고 경험하는 모든 것을 뇌에 저장하여 기억한다면 인간은 살아갈 수 없을 것이다.

인간이 살아갈 수 있는 이유는 기억을 잊는 능력이 있기 때문이다. 역설적이지만 기억하는 능력 덕분에 생존할 수 있고 잊어버리는 망각의 능력 덕분에 살아간다.

편린은 '한 조각의 비늘'이란 뜻으로, 사물의 극히 작은 한 부분을 이르는 말이다. 기억의 편린은 사람들의 많은 기억 속에 아주 작은 부분의 기억이 떠오른다는 말이다.

76세 환자는 객혈喀血과 흉통胸痛, 기침이 동반되어 기관지 내시경 검사를 받아야 할 상태였다. 기관지 내시경 검사는 여러 번 말했듯이, 수면을 유도하는 주사를 투여한 후 환자의 고통 없이 진행한다. 수많은 기관지 내시경 검사의 시술 경험이 있는 나에게 황당한 일이 생겼다.

그 환자의 기관지 내시경 검사를 무사히 잘 마친 후 진료실에서 다른 환자를 보고 있었다. 진료 중에 환자대기실에서 엄청 시끄러운 소리가 들렸다. 무슨 일인지 알아보니 기관지 내시경 검사를 시술받은 환자가 거의 난동亂動 수준의 난리를 피우고 있었다. 직원들에게 고래고래 소리를 지르고 있었다. 흥분한 환자를 진료실로 안내해서 진료실 의자에 앉게 했다.

"환자분 왜 그렇게 소리를 지르시고 난리를 부리세요?"
"기관지 내시경 검사를 받지 못했습니다."

검사를 안 받았다는 뜻과 못 받았다는 의미가 다르다. 안 받았다는 의미는 자신이 검사를 안 받았다는 뜻이다. 못 받았다는 의미는 본인은 검사를 받기를 원했는데 타인에 의해서 검사를 못 받았다는 의미이다.

이 환자가 기관지 내시경 검사를 못 받았다고 말하는 것의 뜻은 의사가 검사를 안 했다고 생각하며 말하는 것이다.

환자의 말을 듣고 웃음부터 나왔다. 기관지 내시경 검사를 수면유도제를 사용하여 아주 잘 받았다고 설명했다. 하지만 환자는 아무런 기억이 없다고 받지 않았다고 주장했다.

주장主張이 아니라 화를 내면서 마치 사기라도 당한 것처럼 분개憤慨했다. 환자의 기관지 내시경 검사 사진을 보여 주면서 다시 설명했다. 기관지 내시경 검사는 사진뿐 아니라 검사한 날짜와 시간, 환자의 이름과 등록번호 등이 함께 표시된다. 기관지 내시경 검사는 매우 중요한 검사이므로 시간이 분초分秒 단위까지 표시된다.

기록을 보여 줘도 환자는 끝까지 믿지 않았다. 급기야 넘지 말아야 할 선까지 넘어 버렸다. 기관지 내시경 검사를 한다고 돈까지 받아 놓고 검사를 못 받았다고 우기면서 손해배상損害賠償을 청구하겠다며 난리를 쳤다. 보호자로 같이 온 아내도 함께 목청을 높였다.

거꾸로 된 경우는 간혹 있다. 검사 자체를 안 받았다고 박박 우기는 일은 처음 겪었다. 수면으로 내시경 검사를 받았는데 완전히 잠들지 않고 고통을 느꼈다고 하소연하는 환자는 드물지만 있다.

그런 환자의 호소는 충분히 공감할 수 있다. 수면으로 기관지 내시경으로 검사를 받는 목적은 아픔이나 고통을 모르고 검사를 받고자 하는 것이고 검사 비용도 환자가 더 부담하고 받는 것이니 환자의 말을 이해한다.

하지만 이 환자처럼 너무 편하게 받아서 검사한 것 자체를 부인하는 경우는 처음 겪는다. 수면 기관지 내시경을 매우 잘 받은 반증反證이다.

그러나 환자는 검사를 받은 것 자체를 인정認定하지 않았다.

'기억의 편린'에 대해 언급했다. 아주 작은 기억의 조각들조차 없이 평온하게 잘 받은 것 아닌가? 평범하지 않은 일이다. 보통의 사람이라면 자신이 검사받은 기억이 없을 때, 사진을 보고 설명을 들으면 인정해야 하지 않은가?

무엇이 환자에게 심한 불신을 일으키게 했을까? 환자와 의사 사이에 '신뢰'는 병을 진단하고 치료하는 데 매우 중요한 부분이라고 여러 번 언급했다.

환자와 의사의 신뢰를 전문용어로 라포르rapport라고 표현한다. 라포르는 프랑스말로 사람과 사람 사이에 생기는 상호신뢰 관계를 말하며 특히 의사와 환자 사이의 '신뢰의 관계'를 표현할 때 사용된다. 나의 자세한 설명에도 불구하고 이 환자는 나의 말을 신뢰하지 못하고 자신의 기억에 검사를 받은 기억이 없다는 것에만 집착했다. 이 환자와 나는 이미 라포르가 깨진 것이다.

환자와 보호자의 요구를 수용할 수는 없다. 검사는 정확하게 했고 일주일 후에 자세한 검사결과가 나온다. 환자는 나를 고소告訴하겠다는 말을 남기고 갔다. 이 시대를 살아가는 의사, 특히 환자의 생명과 직결되는 필수의료를 전문으로 하는 의사들이 흔하게 듣는 말이다. 고소告訴의 사전적辭典的 정의가 무엇인가?

고소告訴란 범죄로 인한 피해자 또는 그와 특정한 관계에 있는 자가 수사기관에 대하여 범죄犯罪사실을 신고하여 범인의 처벌處罰을 구하는 의사표시이다. 범인의 처벌을 구하는 의사표시가 없이 단순히 범죄에 의한 피해 사실만을 수사기관에 신고하는 경우는 고소가 아니다.

고소告訴와 고발告發의 차이점은, 고발은 고소권자가 아닌 제삼자가 수사기관에 대하여 범죄사실을 신고申告하여 범인의 처벌處罰을 구하는 것이다. 고소는 처벌을 원하는 의사표시이므로 소송訴訟 행위능력이 있어야 한다.

여기까지의 말만 들어도 의사들이 받을 스트레스는 심각하다. 고소의 의미는 범죄사실이 있어야 하는데 도대체 의사가 무슨 범죄행위를 했다는 말인가?

이 환자의 경우에는 애당초 고소라는 행위 자체가 성립될 수가 없다. 호흡기 중환자를 진단하고 치료하면서 '고소'라는 말을 무던히 많이 들어왔다.

고소하겠다고 주장했던 환자는 내가 치료한 환자 전체를 모집단으로 분석해 보면 0.001%도 채 안 된다. 천 명의 환자를 치료했을 때 한 명이니 별거 아닌 것으로 생각할 수 있다. 우리 병원의 등록환자 수는 11만 명이 넘는다. 11만 명은 등록된 환자의 수이고 진료를 한 수는 이백만 건이 넘는다. 통계적으로 11만 명의 0.001%이면 백십 명이다. 이백만 건의 0.001%는 이천 건이 넘는다. 엄격嚴格히 적용하여 등록된 환자의 수만 생각해 보자.

백십 명의 환자로부터 고소를 당했다고 상상해 보자.

어떤 의사가 이런 스트레스를 겪으면서 필수의료를 하겠다고 나서겠는가? 나의 기억의 편린 속에 남아 있는 고소를 당한 기억은 10여 건이다. 그중의 한 건은 직접 법원에 출두하여 증인선서證人宣誓를 하고 증인석에 앉아서 판사의 질문에 답을 했던 경우도 있었다. 그 사건은 5년 동안 소송이 진행된 사건이었다.

의사는 의사의 길만 안다. 나도 그렇다. 세상世上살이 물정物情을 모르는 경우가 많다. 의과대학醫科大學 시절에는 세상이 어떻게 돌아가는지 전혀 알 수 없었다. 잠자는 시간 5시간을 제외하고, 하루 전부를 강의실과 독서실에서 살았다.

1988년 서울 올림픽도, 축구 월드컵 대회도, 우리나라 최초의 문민정부인 김영삼 대통령 선거 당시의 시대 상황도 잘 몰랐다. 오직 앞으로 만나서 치료하게 될 환자에게 최고最高의 의사가 되기 위해 불철주야不撤晝夜 열심히 공부했다. 나만 그렇게 의과대학 시절을 보냈던 것은 아니다.

소수의 의대생은 사회참여와 민주화民主化 운동 등 시대적 사명에 관심이 있었고 다른 학생은 잘 놀기도 하는 학생도 있었지만 나는 유난히 의학의 학문에 푹 빠져서 살았다. 내가 전공의를 선택했던 시대는 최상의 인턴 성적을 가진 선생님들이 내과 전공의를 선택할 수 있던 시대였고 필수의료를 선택하는 의사들이 많았다.

의사의 진정한 진수를 느낄 수 있었던 시절이었다. 30년의 긴 시간의 흐름 속에서 필수의료는 서서히 죽어 갔다. 그 이유 중의 하나가 미용과 의사보다 일은 훨씬 힘든데 보상이 적기 때문이다.

보상만 적은 것의 문제가 아니라 일부 몰지각한 환자와 보호자의 폭력적暴力的 행위와 고소가 남발하기 때문에 정신적인 스트레스가 매우 크기 때문이다. 육체적으로 힘들고 경제적으로 보상이 적고 정신적으로 힘든 상태의 시간이 무려 30년 동안 계속되었다.

필수의료의 붕괴는 당연한 결과이지 않겠는가?

연관성聯關性과 인과성因果性은 다르다. 연관성은 사물이나 현상이 일정한 관계를 맺는 특성이나 성질을 말한다. 관련성이나 연속성이라고 표현할 수도 있다.

연관성 분석은 조사 대상에서 수집한 자료의 척도를 기준으로 변수 사이의 어떠한 관계가 있는지 판단하기 위한 분석 방법이다. 필수의료의 붕괴를 연관성으로 설명하기는 부적절하다.

인과성은 인연이 있으면 반드시 그 결과가 있는 성질이다. 둘이나 그 이상의 존재 사이에 원인과 결과로서 맺어지는 관계를 말한다.

철학자 로크는 『인간 지성론』에서 인과성을 관념의 산출 관계로 설명했다. 특히 어떤 관념을 산출하는 것을 원인이라고 지칭하고 산출된 것을 결과라고 말했다.

인과성은 관념들 사이의 관계에 대한 마음의 구성물로 이해되고 이러한 개념은 매우 심리적인 영향을 받는다고 역설力說했다.

필수의료의 무너진 결과는 필수의료를 선택할 의사들의 마음에서 필수의료를 하면 힘들고 어렵다는 인식認識을 심어 준 그 원인이 분명히 존재하고 그 원인은 의사가 제공한 것이 아니라 국가의 보건의료 시스템이 제공한 것이며 '권위權威'가 사라지는 시대적 시류時代的 時流로 인하여 태동胎動한 것이다.

정확한 원인적 분석과 그에 대한 대책이 부족한 2024년의 대한민국의 의료는 더욱 이상異常하고 파국적破局的으로 치달을 것이다. 결국, 세계에서 가장 신속하고 정확하고 저렴했던 한국의 K-의료는 기억의 조각으로 남을 것으로 예측豫測된다.

03
남한산성
(南漢山城)

남한산성은 경기도 광주시 남한산성면에 있는 성곽이다. 흔히 북한산성과 함께 조선의 수도인 한양의 방어를 위하여 쌓은 산성으로 알려져 있으나 최근의 발굴조사 결과, 8세기 중반에 조성된 성벽과 건물의 터 등이 확인되어 신라 주장성의 옛터로 추정되고 있다. 군수물자를 저장하는 특수창고를 설치한 중요한 '거점성'이었고, 조선 시대에는 외성과 옹성을 갖춘 전형적인 산성이었다.

나는 송파구 잠실에 사는 주민이다. 잠실에서 남한산성까지의 거리는 매우 가깝다. 자동차로 15분 정도면 남한산성에 갈 수 있다. 20년을 잠실에서 살았으나 한 번도 남한산성에 간 적이 없다.

남한산성은 매우 유명한 산성이고 오래전에 「남한산성」이라는 제목의 영화도 본 적이 있다. 우리나라 국민 대다수는 '남한산성'을 알고 있을 것이다. 우연한 기회에 남한산성을 갔다.

하늘은 매우 청명하고 날씨가 따뜻한 봄날의 끝자락이었다. 남한산성을 처음 가면서 놀라움을 숨길 수 없었다. 남한산성으로 가는 길에 차창 밖으로 펼쳐지는 자연의 풍경이 멋졌다.

남한산성을 가 보기 전까지는 행주산성과 비슷할 것으로 생각했다. 행주산성은 갔던 경험이 있다. 같은 산성이라고 생각했기에 나의 관념 속의 남한산성의 모습은 '행주산성'과 유사할 거라고 짐작했다. 완전한 착각이었다. 산의 푸르름이 우거지고 계곡도 있고 동서남북으로 뻗은 산의 형태가 마치 천연 요새와 같았다.

남한산성이 군사적으로 왜 중요한 요충지인지 군사학에 전혀 지식이 없는 나도 느낄 수가 있었다. 남한산성으로 올라가는 길에는 음식점들이 많이 있었고 카페와 빵집도 여러 곳이 있었다. 한 음식점에 들어가 식사를 했다.

손두부와 산채山菜비빔밥을 먹었다. 어릴 때는 두부를 좋아했고 된장찌개와 청국장을 좋아했다. 40대가 넘어가면서 과민대장증후군 때문인지 콩이나 두부, 된장찌개를 먹으면 복부에 가스가 많이 차서 힘들었다. 몸이 힘들어지니 좋아하던 음식도 못 먹게 되고 멀리하게 되었다.

그러나 남한산성의 그 식당에서는 도저히 참을 수가 없었다. 그냥 먹고 가스가 차도 견디는 것을 선택하는 것이 좋았다. 오랜만에 두부의 맛을 본 그날은 잊을 수 없는 나의 추억의 날이 되었다. 음식만 맛있어서 좋은 날은 아니었다.

멋들어진 풍경을 즐기면서 나의 삶에 대하여 생각했다. 밤잠을 설치다가 새벽에 병원으로 출근한다. 다른 병원의 진료시간보다 2시간 일찍 환자를 진료한다. 각양각색의 환자와 중환자의 치료를 마치면, 몸은 녹초가 되고 정신은 극심한 피로도에 빠져든다.

두 달 이상 기침을 해서 오는 환자, 10년 이상 기침으로 오는 환자, 숨이 차서 오는 환자, 흉부 통증으로 오는 환자, 피가래가 나와서 오는 환자, 가래가 너무 많아서 숨쉬기 힘든 환자, 휴대용 산소통을 메고 오는 환자, 다른 병원에서 치료해도 나빠져서 오는 환자, 열이 심하게 나서 오는 환자, 폐암이 의심되어 기관지 내시경 검사를 받으러 오는 환자, 전국 방방곡곡坊坊曲曲에서 각양각색各樣各色의 다양한 증상을 갖고 나를 찾아온다.

호흡기 증상을 갖고 오는 환자는 최소한 다른 병원 여러 곳을 다닌 환자들이고 대학병원大學病院도 다녔던 환자들이다. 여기가 '마지막 희망希望'이라는 애절함을 갖고 지푸라기라도 잡으려는 심정心情으로 오는 환자들이다.

'고운숨결내과'가 마지막 보루堡壘라고 생각하고 오는 환자들을 진료하는 나의 하루는 비장하지 않을 수 없다. 한가로이 생각할 수 없고, 언제 응급상황의 환자가 발생할지 모른다는 긴박감緊迫感이 진료하는 시간 내내 나를 긴장하게 만든다.

'기관지氣管支 내시경 검사'를 할 때의 나의 긴장감緊張感과 예민銳敏한 신경은 상상할 수 없을 정도로 심하다. 경험하지 않으면 알 수가 없다. 환자나 보호자가 이러한 내용을 모르는 것은 당연하다. 환자나 보호자는 사실 알 필요도 없다.

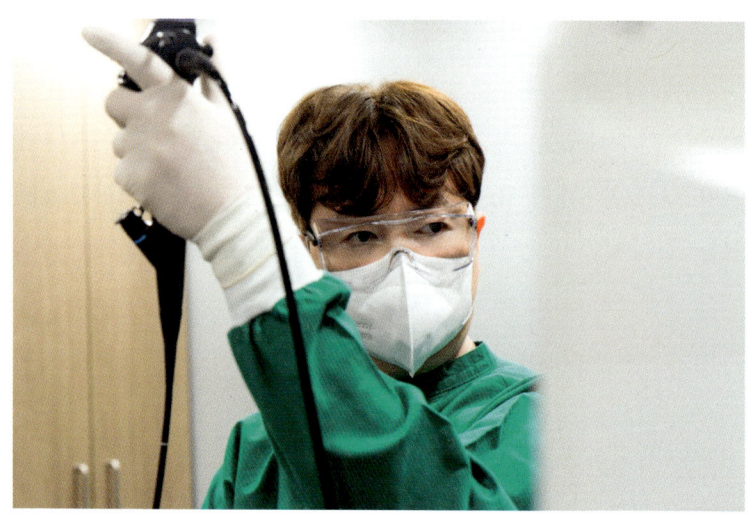

기관지 내시경 검사할 때의 진성림 원장의 눈빛. 긴장감이 가득하다.

의사가 왜 의사인가? 아무리 스트레스가 크고 위험도가 큰 검사나 시술이어도 그런 감정을 환자에게 알릴 필요도 없고 환자도 그러한 부분을 알 필요가 없다. 환자는 자신의 증상이 더 중요하고 본인의 병이 낫기를 바라는 것이 당연하다. 의사들이 오히려 더 잘 안다. 의사들은 '기관지 내시경 검사' 시술할 때 의사가 느껴야 하는 중압감重壓感을 매우 잘 안다.

이러한 하루하루가 쌓여서 23년이라는 시간이 흘렀다. 시간이 흐르면서 지쳐 갔던 나에게 생긴 버릇은 나의 하루를 부정적으로 바라보고 '나는 행복하지 않다'라는 감정感情이다.

다른 의사와의 삶을 비교하기 시작했고 중증 환자를 보면서 느끼는 고통을 '선민의식選民意識'처럼 생각했다. 당연히 해야 할 일을 하는 것이고, 내가 선택選擇하고 걸어온 길이다.

마치 누군가가 억지로 나를 '고통의 도가니'로 몰아넣은 것처럼 생각한 것이 부끄러워지는 계기가 된 것은 남한산성南漢山城의 푸르름을 보고 난 후이다. 깨달음은 천천히 올 수도 있으나 전율적戰慄的인 깨달음은 순간에 일어날 수 있다는 사실을 그날 알았다. 새로운 진리眞理를 발견한 것과 같았다. 인생의 전환점轉換點이 될 인식의 전환轉換이 일어난 날이다.

인간은 사회적社會的 동물이다. 고대 그리스의 철학자인 아리스토텔레스의 시대를 관통貫通하는 명언이 2천 년이 지난 오늘의 시대를 살아가는 우리들의 가슴에 와닿는 이유는 인간의 본능本能이자 필수요소인 사회적 고리가 약해지고 있기 때문이다.

행정 안전부가 발표한 내용에 따르면 전국 주민등록 가구 수의 40.1%가 '1인 가구'로 가장 많았으며 '2인 가구'가 23.8%로 그 뒤를 이었다. '1, 2인 가구'를 합치면 대한민국 전체 가수 수의 63.9%이다.

이처럼 '1인 가구'의 폭발적인 증가는 고독孤獨 생활, 고독사孤獨死와 같은 사회적 문제를 유발했다. 2018년 한국보건사회연구원의 '청년 1인

가구의 사회적 관계' 보고서에 따르면 청년 독신 가구가 가족과 보내는 시간은 평균 5분에 불과했다.

반면 가족이 아닌 타인과 교류하는 시간은 평균 47분으로 나타났다. 2019년 통계청 조사에 따르면, 대한민국의 사회적 고립도는 경제협력개발기구 OECD의 평균인 10%를 크게 상회하는 27.7%로 나타났다.

왜 인간의 '고독孤獨'은 건강에 위협할까?

2017년 미국에서 열린 제125차 연례학술대회에서 미국 정신의학연합회는 외로움과 사회적 고립이 만성 질환의 원인인 비만보다 공중 보건에 더 큰 위협이 될 수 있다고 경고했다.

미국 브리검영대학교 Brigham young university 줄리안 홀트-런스타드 Julian Holt-Lunstad 정신과 교수는 "타인과의 사회적 연결고리는 인간의 기본적인 욕구로서 복지와 생존에 결정적인 요인이다."라고 전하며 사람과 접촉이 거의 없이 자란 어린이는 신체적, 정서적 발달에 어려움을 겪고 때로는 사망까지 한다고 말했다.

교수가 제시한 2개의 대단위 연구를 조사한 분석에 따르면 사회적 격리와 외로움은 인간의 건강을 위협하는 강력한 증거라고 말했다. 현대 사회가 '외로움 전염병 loneliness epidemic'에 직면하고 있다고 주장했다.

만성 호흡기질환 환자는 질환의 특성상 노인에게서 흔하다. 20년 전

만성 호흡기환자를 볼 때, 질환이 진행하여 나빠질 가능성이 있다고 판단될 때는 반드시 보호자와 함께 오라고 권고했으며 그때는 대부분 보호자가 같이 왔었다.

20년이 지난 요즘은 보호자와 같이 오라고 권고하면 열의 아홉 명은 보호자가 없다고 한다. 사실은 보호자가 없는 것이 아니다. 혼자서 살고 있고 자녀들은 바빠서 올 수 없다는 뜻이다.

건강한 사람도 혼자 지내는 것 자체가 건강에 좋지 않다는 예를 위에서 말했다. 하물며 아픈 사람은 말할 필요도 없고 특히 숨이 차는 증상과 갑자기 응급상황을 직면할 수 있는 호흡기질환의 환자들이 혼자 지내는 것은 매우 위험하다.

안타까운 마음과 측은지심惻隱之心이 든다. 숨이 차고 밤새 기침을 하는 것 자체가 환자에게는 말할 수 없는 아픔이고 슬픔인데 그러한 아픔을 곁에서 돌봐 줄 사람이 없이 혼자 지내야 하는 것은 얼마나 큰 두려움일까?

하루가 고통이고 시간마다 찾아오는 두려움과 아픔 속에서도 중증 호흡기환자들은 희망의 끈을 놓지 않고 나를 만나러 온다. 나의 삶이 아무리 힘들고 고단해도 바람 앞의 등불과 같은 중증 호흡기환자들의 고뇌와 번민과는 비교조차 되지 않는다.

내가 30년 동안 의사로서의 삶을 지속해 온 이유이고 대한민국의 '필수의료'의 사명감使命感을 내려놓을 수 없는 까닭이다.

04
출구전략
(出口戰略)

출구전략의 의미는 좋지 못한 상황에서 벗어나는 수단을 일컫는다. 원래 임무를 완수한 군대의 퇴각 시나리오를 지칭할 때 유래했으나 경제에서는 경제정책의 기조를 원상 복구하는 것을 의미한다. 경영 용어에서도 사용되며 경제적 손실을 최소한으로 하는 전략을 말한다.

출구전략은 사람들과의 관계에서도 중요하다. 특히 아주 친밀한 관계에서 더 중요하다. 사람의 마음은 변화무쌍하고 아침에 좋았다가 저녁에 나쁜 것이 사람의 마음일 수 있다. 여자의 마음은 갈대라는 명언이 있지만 사실 여자의 마음만 갈대가 아니라 인간의 마음이 갈대인 것이다.

사람과 사회적 관계를 맺으며 일을 하거나 경제적 활동을 할 때는 일관성—貫性과 성실성誠實性이 중요하다. 대부분 사람은 자신의 인생을 그렇게 산다.

여자의 마음만이 아니라, 사람의 마음이 갈대이다.

'인간만사 새옹지마 人間萬事 塞翁之馬'의 자세로 산다. 새옹지마의 사자성어는 '변방 노인의 말'이라는 뜻이다. 변방 노인의 달리는 말이 어떤 뜻이길래 세상살이의 교훈이 된다는 뜻일까?

이 뜻은 전해지는 이야기를 알아야 정확히 이해할 수가 있다.

중국 국경 지방에 한 노인이 살았다. 어느 날 노인이 기르던 말이 국경을 넘어 오랑캐 땅으로 도망쳤다. 이에 이웃의 주민들이 위로의 말을 전하자 노인은 "이 일이 복이 될지 누가 압니까?" 하며 아무렇지도 않은 듯한 태도를 보였다. 그로부터 몇 달이 지난 어느 날, 도망쳤던 말이 암말 한 필과 함께 돌아왔다. 주민들은 "노인께서 말씀하신 그대로입니다." 하며 축하했다.

그러나 노인은 "이것이 화가 될지 누가 압니까?"라고 기쁜 내색을 하지 않았다. 며칠 후 노인의 아들이 그 말을 타다가 말에서 떨어져 다리가 부러졌다. 마을 사람들이 다시 위로의 말을 하자, 노인은 "이게 복이 될지도 모르는 일이오."라며 표정을 바꾸지 않았다.

얼마 지나지 않아 북방의 오랑캐가 침략을 해 왔다. 나라에서는 징집령을 내려 젊은이들이 모두 전쟁터로 나가야 했다. 그러나 노인의 아들은 다리가 부러진 까닭에 전쟁터에 나가지 않아도 되었다.

이 이야기가 바로 새옹지마塞翁之馬란 고사성어故事成語가 생긴 이유이다. 즉 변방 노인의 말처럼 복이 화가 되기도 하고, 화가 복이 되기도 한다는 말이다. 인간 세상에서 일어나는 모든 일이 새옹지마이다. 눈앞에서 벌어지는 결과만을 가지고 너무 신경을 쓰지 않아도 된다는 교훈이다.

출구전략의 맥락과도 비슷하다. '출구전략'의 의학적 용어는 없다. 하지만 내가 호흡기내과 전문의로서 오랫동안 환자를 진료하면서 느낀 점은 질환을 치료할 때도 출구전략이 필요하다는 것을 깨달았다. 특히 오랜 세월 흡연을 했던 환자에게는 꼭 필요하다.

애연가愛煙家 일수록 살 만큼 살았는데 이제 담배를 끊는다고 무슨 소용이 있을까 생각하는 경향이 많다.

완전한 착각錯覺이고 잘못된 생각이다. 흡연吸煙은 호흡기의 여러 가지

질환뿐 아니라 인간의 건강을 해치는 가장 나쁜 습관이고 질환이다.

흡연 자체가 질병이다. 질병도 심각한 질병이다. 흡연이 유발할 수 있는 질환을 나열하고 설명하자면 일 년 동안 설명하고 강의를 해도 모자란다. 많은 사람이 알고 있는 폐암肺癌에 대해서만 말해도 끝이 없는 이야기가 펼쳐진다.

76세의 환자는 객혈가래에 피가 나는 현상이 나와서 고운숨결내과로 왔다. 호흡기 증상을 갖고 오는 모든 환자에게 빠트리지 않고 물어보는 습관적인 질문이 있다.

남자, 여자 가리지 않으며 나이도 가리지 않는다. 남녀노소男女老少를 따지지 않고 질문한다. 15세 이상의 나이면 항상 물어본다. 담배를 피우는지 반드시 물어본다. 이 환자는 무려 60년 동안 담배를 피웠다. 하루에 한 갑의 담배를 60년 동안 피운 경우를 의학적으로 60갑년 '흡연력'이라 부른다.

30갑년 이상의 '흡연력'일 때 폐암 발병의 위험도는 비흡연자보다 15배 이상 높다. 이 환자는 60년 동안 하루 두 갑의 담배를 피웠다. 무려 120갑년이니 폐암 발병의 위험도는 몇백 배로 높아진다.

120갑년의 흡연자가 객혈의 증상을 가지고 병원에 왔을 때 흉부 사진 촬영을 권고하고 시행하지 않는 의사는 의사가 아니다.

호흡기내과 전문의인 나는 단순 흉부 사진이 정상으로 나와도 흉부 CT를 촬영해야 한다고 할 것이다. 저선량 흉부 CT 촬영이 정상으로 나와도, 조영제 흉부 CT 촬영을 하자고 할 것이다.

조영제 흉부 CT 촬영마저 정상으로 나와도, 기관지 내시경 검사를 하자고 설득할 것이다. 저선량 흉부 CT는 현재 조기 폐암 진단의 표준 방법이지만 저선량 흉부 CT가 정상이라고 해서 100% 폐암이 없다고 할 수 없다.

무슨 소리인가? 대학병원과 각 검진 기관마다 조기 폐암 진단이라는 항목으로 저선량 흉부 CT를 촬영하는데 웬 뚱딴지같은 소리일까? 안타깝지만 사실이다.

저선량 흉부 CT는 단순 흉부 사진 촬영보다 월등하다. 폐암으로 인한 사망률을 단순 흉부 사진만 촬영해서 검진하는 것보다 20%나 줄인다는 대규모 연구 결과 발표 이후 의료계에서 인정한 정설이다. 그러나 저선량 흉부 CT촬영 검사도 완벽한 검사 방법은 아니다.

사람의 폐에는 양측에 폐문이라는 해부학적인 기관이 있다. 혈관들이 모여 있는 곳이다. 폐문 부위에 암 덩어리가 생기는 경우, 저선량 흉부 CT 촬영을 해도 암 덩어리를 발견할 수가 없다. 의사가 피해 갈 수 없는 순간이다.

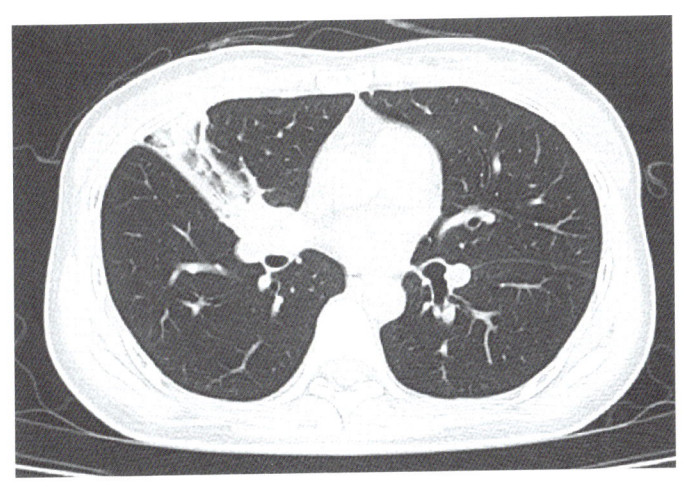

저선량 흉부 CT: 우측 폐 하엽에 하얀 음영으로 폐렴으로 판독됨.
우측 폐문 부위는 혈관이 뭉쳐 있어 종양이 안 보인다.

오진誤診은 분명한데 의학적醫學的으로나 법률적法律的으로 의사에게 책임責任을 물을 수가 없다. 이런 경우 의사나 병원에 책임을 묻게 된다면 폐암의 빠른 발견을 위해서 검진을 하려는 사람들 전체에게 조영제 흉부 CT 촬영을 해야 한다. '조영제 흉부 CT 촬영을 하면 되지'라고 생각하는 사람들이 있을 수 있다.

그러나 검진檢診 목적으로 조기에 어떤 질환을 발견하고자 할 때는 반드시 비용費用과 효과效果를 생각해야 하고 그 검사가 건강한 사람들이 검진을 받고자 할 때 위험성이 없는지 고려해야 한다.

조영제 흉부 CT 촬영은 폐암의 병기stage를 결정하고 폐암을 진단할 때 꼭 필요한 검사이나 방사선에 노출되는 위험성이 있고, 조영제 주사에 대한 알레르기 반응으로 심각한 경우 생명을 잃을 수도 있는 위험이 있다.

따라서 이러한 이유로 건강한 사람들을 대상으로 대규모의 검사를 하는 것은 인정되지 않고 있다. 그러나 출구전략의 개념으로 접근해 보면, 폐암 발병의 위험도가 매우 높은 상태에서는 개별적으로 조영제 흉부 CT를 촬영할 수 있다. 또 단순 흉부 사진에서 이미 종양의 소견이 발견된 경우에는 조영제 흉부 CT를 촬영해야 한다. 기관지 내시경 검사도 필요한 검사이다.

폐암은 크게 소세포small cell폐암과 비소세포non-small cell폐암으로 분류하는데 치료 방침이 완전히 다르고 예후도 다르며 선택할 수 있는 약제도 다르기 때문이다.

검사를 진행했으며 이 환자는 폐암이 확진되었다. 어차피 폐암이 진단되었으니 담배를 끊을 필요가 없을까?

담배는 무조건 끊어야 한다. 끝날 때까지 끝난 것이 아니며 늦었다고 생각되는 순간이 가장 빠른 순간일 수 있다.

요즘의 폐암 치료는 눈부신 발전을 이루었고 과거처럼 폐암의 진단이 사형선고死刑宣告도 아니다. 특히, 수술을 받을 수 있는 상태의 폐암이고 표적標的항암제 치료나 면역免疫치료의 대상이 되는 폐암이라면 말할 필요도 없다.

폐암 치료의 가장 중요한 것은 금연禁煙하는 것이다. 담배를 끊는 것은 비단 폐암의 치료에만 중요한 것이 아니다.

흡연이 일으키는 대표적인 호흡기질환인 만성폐쇄성폐질환 COPD Chronic Obstructive Pulmonary Disease도 치료의 첫 단추는 금연이다. 출구전략이 치료의 시작인 것이다.

바야흐로 이제 출구전략은 군사작전의 개념이나 경제학적인 용어뿐 아니라 의학적으로 매우 중요한 전략인 것이다.

05
남원북철
(南轅北轍)

'남원북철南轅北轍'이라는 말은 남녘 남 자, 끌채 원, 북녘 북, 바퀴자국 철 자의 고사성어다. 수레의 끌채는 남으로 향하고 바퀴는 북으로 향한다는 뜻으로 마음과 행동이 상반되거나 사물이 모순되고 있음을 비유한 말이다.

인간관계人間關係나 옳고 그름의 판단에서 인용되고 있는 사자성어다. 환자를 치료할 때도 유념해야 할 개념이다. 환자의 증상과 숨겨진 질환이 상반되는 경우도 많고, 환자를 치료할 때 선택하는 약이 공존하는 두 가지 질환에 상반될 수 있다.

50대 초반의 여자가 숨이 차서 왔다. 다른 병원에서 천식 진단을 받고 스테로이드와 지속성 기관지 확장 흡입제와 속효성 기관지 확장 흡입제, 경구용 기관지 확장제를 복용하는 중에 호흡곤란이 심해졌다. 지인의 소개를 받고 '고운숨결내과'로 왔다.

숨이 차는 증상을 갖고 오는 모든 환자는 안내접수 데스크에서 바로 산소포화도를 측정한다. 산소 포화도가 78%였다. 응급상황임을 바로 알아챈 접수데스크 직원이 환자 대기 순서와 상관없이 진료실로 바로 알린다. 78% 산소포화도는 매우 위중危重한 호흡기질환呼吸器疾患이 있음을 암시暗示한다.

숨이 차고 산소포화도가 78%이고정상 산소포화도는 98-99% 현재 천식으로 치료를 받는 환자이다. 가장 먼저 환자의 숨소리를 들어야 한다. 청진기로 환자의 폐와 기관지의 소리를 들었다. 천식의 증상이 심할 때 나타나는 쌕쌕거리는 천명음과 폐포에 염증이 동반될 때 들리는 수포음까지 들렸다. 환자의 얼굴은 창백했고 호흡은 거칠었으며 흉부 압박감을 호소했다.

응급상황에서는 검사하기 전에 바로 응급처치가 들어갈 수 있다. 이 환자의 경우, 기관지 천식의 급성악화 상태가 분명하다고 판단되어 먼저 응급 주사 치료 후에 검사를 진행할 수도 있다.

급성천식 발작이나 COPD의 급성악화, 폐섬유화증의 급성악화, 패혈증敗血症, 폐렴肺炎, 의식意識변화가 동반되는 중증 폐렴, 급성호흡곤란증후군Acute Respiratory Dysfunction Syndrome: ARDS의 급성악화일 경우에는 사진 촬영과 혈액검사 등을 할 시간조차 부족해서 빠르게 치료 주사제를 주는 경우가 있다.

먼저 환자에게 산소를 공급해 주고 기관지 천식의 급성急性악화일 때 사용하는 전신 고용량 스테로이드와 속효성 기관지 확장제를 주려는 순간, 내 머리에 번쩍이는 하나의 질환이 더 스쳐 지나갔다.

환자의 흉부 압박감, 흉통의 증상이었다. 기관지 천식의 급성악화는 어떤 원인감기나 독감에 걸린 후에 노출된 후에 기관지 평활근의 수축으로 숨이 차는 증상이 있다. 따라서 흉통의 증상도 충분히 나타날 수 있다. 그러나 나의 임상적 경험으로 비추어 보면 급성천식의 악화일 때 환자가 흉통까지 호소하는 경우는 드물다.

환자는 가장 힘든 증상을 먼저 표현한다. 기관지 천식의 급성악화는 숨이 막히는 증상으로 숨을 들이쉬는 것이 너무 힘들어 환자는 숨을 쉬기 힘든 증상을 더 강조하여 말한다. 그런데 이 여자 환자는 처음에 호소한 증상이 '흉부 압박감'과 '호흡곤란'이었다.

흉부 압박감 胸部 壓迫感.

나는 응급 주사 치료 시작을 중단시키고 바로 심전도 心電圖 검사와 흉부 사진 촬영 검사를 먼저 하라고 지시했다. 주사를 준비해서 정맥 靜脈 주사 하기 바로 직전 直前 이었다.

임상병리사와 방사선사의 빠른 행동으로 2분 안에 검사가 완료되어 바로 결과를 확인했다. 결과를 보는 순간 등줄기에 식은땀이 흘렀다. 바로 119 구급차를 불렀다.

환자는 기관지 천식의 급성악화도 있는 상태였으나 심근경색이 동반된 상태였다. 기관지 천식의 급성악화는 위중한 병이고 기관지가 좁아져 숨길이 막힌 기관지를 즉시 풀어야 살 수 있다.

심근경색心根哽塞은 심장의 혈관이 막혀서 심장의 근육이 괴사되어 사망하는 매우 위중한 질환이다.

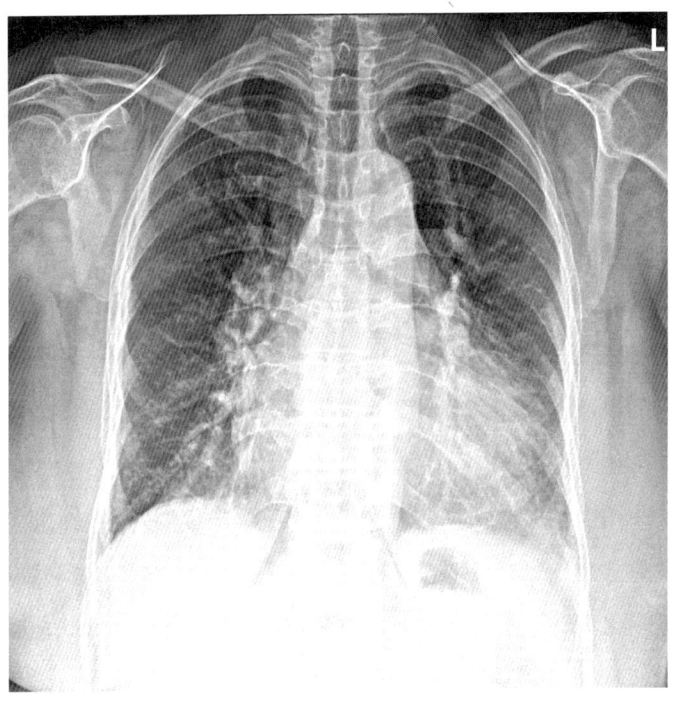

심근경색으로 심장이 늘어난 상태 사진

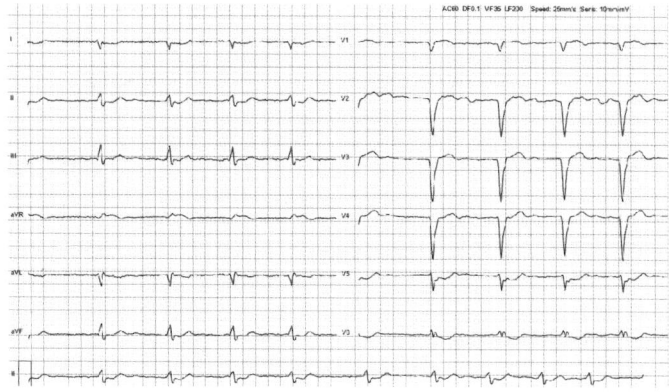

심전도 검사: V1-V4흉부 깊은 Q파 ST분절 상승, 급성 심근경색 소견

두 가지 모두 위중한 상태이나 심근경색이 더 사망률이 높다. 먼저 심근경색을 치료하고 기관지 천식의 급성악화를 치료해야 한다.

만일 이 환자의 심근경색을 빨리 발견하지 못하고 천식의 급성악화 치료 때 사용하는 고용량의 전신 스테로이드제와 기관지 확장제를 정맥 투여 했다면 환자는 즉시 사망할 수 있었다.

심근경색의 1차 치료는 막힌 심장의 혈관을 심혈관 '풍선 확장술'을 시술하고 '심혈관 스텐트'를 넣어야 한다. 아울러 심장 근육의 피로를 줄이기 위해서 '베타 차단제'라는 약을 처방한다. 기관지 천식의 급성악화 때 사용하는 베타2 항진 약은 심장에 더 일을 시키는 작용으로, 심근경색 환자에게 사용하면 안 된다.

아찔한 순간이 아닐 수 없다. 그렇다면 기관지 천식의 급성악화는 어떻게 해야 하는가? 숨 쉬는 통로가 막혔으니 이 문제도 해결해 주어야 한다. 흡입용 기관지 확장제는 심장에 큰 부담을 주지 않음으로 흡입용 속효성 기관지 확장제와 흡입용 스테로이드를 흡입하여 막힌 기관지의 평활근을 풀어 주면 된다.

'남원북철南轅北轍'이라는 고사성어와 딱 맞는 의학적 소견이다. 상반되는 치료가 이루어지는 것이고 모순된 상황이 발생한 것이다.

전문의는 의학적 지식만 갖고 정확한 치료를 할 수 없다. 유능한 임상 의사는 자신의 의학적 지식을 적절하게 응용해야 한다.

필수의료를 담당하는 호흡기내과 전문의는 호흡기질환에 대한 해박하고 깊은 지식뿐 아니라 심장에 대한 폭넓은 지식과 임상적 경험이 중요하다.

폐와 심장은 매우 밀접하게 연관되어 있고 폐 질환을 앓는 환자는 심장 질환도 동반되어 있기 때문이다.

무엇보다 가장 중요한 것은 환자의 '작은 호소'도 놓치지 않는 감각이 뛰어나야 한다. 호흡기내과 전문의가 무딘 감각을 갖고 편안하게 진료를 할 수 있는 운명이 아닌 이유이다.

늘 긴장해야 하고 나의 모든 감각을 예민하게 곤두세우고 진료를 해야 한다. 그래야 환자를 살릴 수 있다.

예민銳敏함과 민첩敏捷성, 각종 응급상황應急狀況에 대한 조건반사적인 판단력判斷力과 실행력實行力, 그리고 중증 환자重症 患者에 대한 연민憐憫의 정情이 오늘의 '고운숨결내과'로 인정받은 작은 버팀목이 아닐까?

중요한 사실이 하나 더 있다. 고운숨결내과의 의료장비는 대학병원에서 사용하고 있는 장비보다 더 좋다. 고운숨결내과와 모 대학병원의 단순 흉부 사진 촬영 사진을 공개한다.

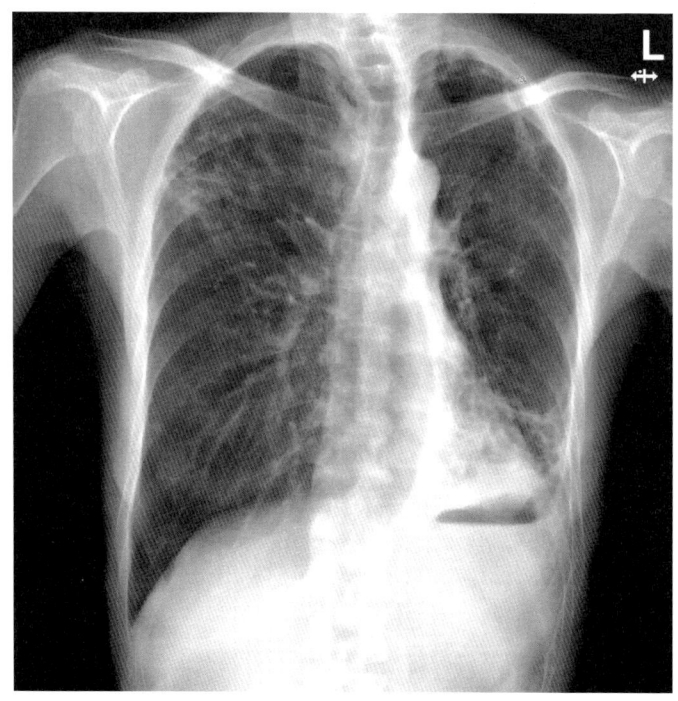

모 대학병원에서 촬영한 단순 흉부 사진 결과: 우측 하얗게 보이는 병변.
전반적인 선명도가 너무 검게 나와서 병변을 자세히 볼 수 없다.

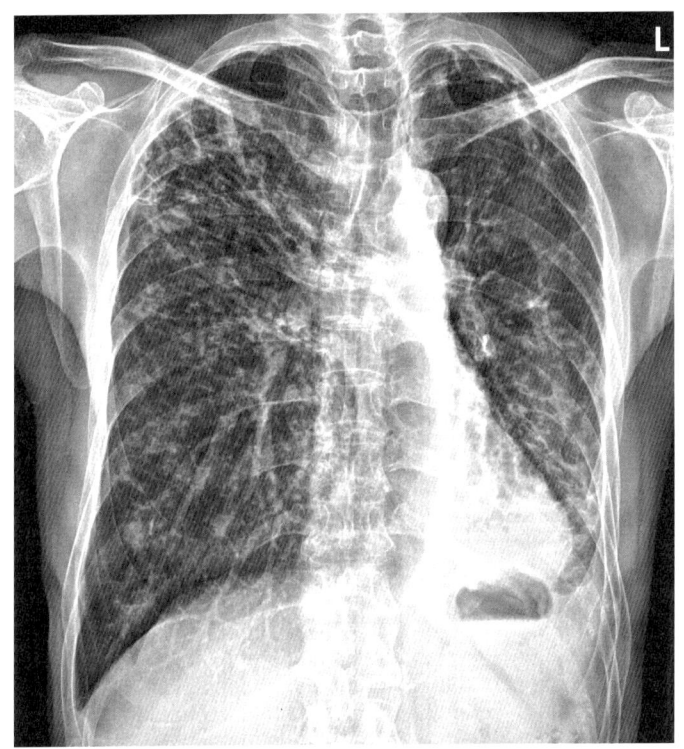

같은 환자를 촬영한 고운숨결내과의 단순 흉부 사진 촬영 소견.
사진의 선명도가 매우 뛰어나 우측 폐 상엽만 이상이 있는 것이 아니라
양측 폐 전체가 하얗게 눈꽃송이처럼 이상 영상이 보인다.

06
삶과 죽음에 대한 관점(觀點)

여러분들은 삶이 무엇이라 생각하는가? '죽음'은 어떻게 생각하는가?

30년째 의사로서 살아온 나는 의사가 아닌 사람들보다 죽음을 목도目睹하는 경험이 많다. 의사가 아닌 사람들과 비교할 필요도 없다. 같은 직종에 근무하는 의사 중에서도 다른 의사들보다 환자의 죽음을 더 많이 경험할 수밖에 없었다.

호흡기내과呼吸器內科 전문의는 인간이 살아가는 데 필수장기인 폐와 기관지를 전문으로 치료하는 의사다. 폐는 인간의 생존에 반드시 필요한 필수장기다. 폐는 신생아의 첫 호흡부터 시작하여 인간이 삶을 마감하는 마지막 순간까지 함께한다.

인간의 뇌는 산소공급이 4분만 중단되면 뇌세포가 죽는다. 폐는 심장과 함께 뇌로 산소와 필요한 영양분을 공급하는 중요한 역할을 한다.

호흡기질환자는 노인에게 흔하고 바꿔 말해도 진실이다. 노인은 호흡기계통의 문제를 갖고 있고 자연 노화의 과정이던 아파서 죽음을 맞이하든 결국, 호흡이 멈추면서 생을 마감한다.

내과적인 호흡기질환뿐 아니라 외과적인 수술 후에 환자에게 문제가 발생하면 호흡기내과 전문의가 해결한다. 내과 중환자실뿐 아니라 외과 중환자실도 호흡기내과 전문의의 일터이다. 중환자실을 책임지는 중환자실 책임 의사의 전공이 호흡기내과 전문의가 대부분인 것은 우연이 아니다.

이러한 사실은 우리나라에만 해당하지 않는다. 현대의학에서 중환자의학인 Critical Care Medicine을 담당하는 전문의는 호흡기내과 전문의다. 그만큼 환자의 고통과 아픔을 자주 바라보며 환자의 죽음도 자주 경험한다.

호흡기내과 전공의 1년 차 때 하루에도 열 명의 '사망진단서死亡診斷書'를 작성한 적이 있다.

보통 사람들은 사람이 죽는 것을 자주 경험하지 않는다. 사랑하는 가족들의 죽음을 몇 번 경험하는 것이 다이다. 사랑하는 사람이 죽는 것을 경험한 것과 일하면서 겪게 되는 타인의 죽음을 바라보는 경험치經驗値는 매우 다르다. 비교할 수 없는 감정이다.

그러나 직업적인 측면에서도 잦은 죽음을 바라보는 것은 정신적으로 매우 큰 상처가 된다. 죽음은 누구도 피할 수 없다. 모든 인간은 태어나는 그 순간瞬間부터 죽음을 향해 나아간다.

빈손으로 왔다가 빈손으로 가는 것이 사람의 삶인데 우리는 마치 영원히 사는 존재처럼 욕심을 버리지 못한다. 돈을 가진 자는 더 많은 돈을 벌기 위해 전전긍긍戰戰兢兢하고 명예名譽를 추구하는 사람은 더 위대한 명예를 얻기 위해 애쓴다.

인간의 역사가 왜 전쟁戰爭의 역사歷史인가? 인간의 본성本性이 더 많은 것을 갖기 위해서이지 않던가?

필수의료에 종사하는 의사는 죽음을 바라보는 관점이 염세적厭世的일 수 있다. 하지만 그 반대의 관점도 있다. 인생의 유한有限함을 알고 질환의 경과가 어떠하다는 것을 알기 때문에 자신의 삶에 최선을 다하고 건강이 소중하다는 것을 안다.

대부분의 필수의료 의사들은 건강의 소중함을 뼈저리게 알면서도 정작 자신의 건강은 잘 지키지 못한다. 극심한 스트레스에서 벗어나서 일할 수 없기 때문이다.

한 사람의 삶을 책임지는 것에 대한 압박감壓迫感은 겪어 보지 못한 사람은 도저히 알 수가 없다. 그러한 압박감은 환자에 대한 책임감責任感뿐 아니라 자신을 보호保護하기 위한 자연스러운 결과이다.

삶의 의미란 무엇인가에 대한 답은 일반적으로 실존實存의 목적과 의미를 다루는 철학적哲學的 의제를 구성한다. 역사적歷史的으로 이 문제는 철학적, 과학적, 신학적, 형이상학적 고찰의 대상이 되었고, 다양한 문화와 사상을 바탕으로 많은 답변이 존재한다.

삶의 과학적 탐구科學的 探求는 삶의 행복幸福과 죽음에 대한 불안不安에 이르기까지 광범위한 통찰력通察力을 제공해 주었다. 우주의 빅뱅 이론, 생명의 기원, 진화와 같은 생명과 현실에 관한 연구硏究와 행복의 주관적主觀的 경험과 상관있는 객관적客觀的 요인의 연구가 다양하게 이루어졌다.

신경과학은 대뇌변연계에서 신경전달 물질 활동의 관점에서 보상, 기쁨 및 동기를 설명한다. 삶의 의미가 쾌락을 극대화하고 일반적인 삶을 편하게 하는 것이라고 믿는다면, 이를 달성하기 위해 행동하는 방법에 대한 규범적인 예측이 가능하다. 마찬가지로 윤리적 과학자들은 도덕의 과학 즉 의식 있는 피조물의 번영에 대한 경험적 추구를 옹호擁護한다.

호흡기내과 전문의로서의 나의 삶에 대한 관점은 인간의 삶은 고귀高貴하다는 것이다. 인간의 삶이 고귀하다는 뜻은 환자의 삶이 너무나 고통스럽다는 것을 경험했기에 나온 것이다.

호흡기환자의 삶을 바라보는 것은 너무나 가슴이 아프다. 그 고통의 깊이를 가늠할 수 없다. 감히 그 아픔과 고통을 어떻게 글로 표현할 수 있겠는가? 그래서 사람의 삶이 매우 고귀하다는 뜻이다. 하루의 일상이 감사한 것이다.

"사람이 만일 온 천하를 얻고도 자기 목숨을 잃으면 무엇이 유익하리요" 마가복음 8:36 라는 성경의 한 구절은 인간의 역사와 사람의 운명運命을 꿰뚫고 지나가는 명언名言이다. 어떠한 철학적 질문이나 답변도 이 명언의 가치를 뛰어넘을 수 없다.

사람의 삶은 '희로애락喜怒哀樂'이나 우리가 원하는 것은 분노와 슬픔이 아니다. 우리의 마음은 기쁨과 행복을 추구한다. 건강을 잃으면 모든 것을 잃는 것이다. 편안한 숨결과 고운 숨결을 잃게 되면 삶이 아프다. 그 아픈 삶도 인생의 일부이지만 겪어 본 사람은 알 것이다.

죽음의 공포는 순간이다. 누구나 죽는 것이고 죽는 순간의 고통은 오래 가지 않는다. 형용할 수 없는 고통의 그림자가 자신의 삶을 지배하고 내 인생의 노후를 괴롭힌다면 그것은 찰나의 고통이 아니라 현재와 미래의 아픔이 된다.

건강한 폐를 위해 언제나 노력을 해야 하는 이유이고 국가國家가 호흡기환자를 보살피고 책임질 까닭이다. 국가의 존재存在 이유는 국민의 건강과 재산을 보호하는 것이다. 재산財産보다 더 소중하고 가치 있는 것은 국민의 건강이다.

호흡기 내과 전문의는 제도를 만들고 재정財政을 만들 수 없다. 호흡기 내과 전문의는 개인의 호흡기질환자를 치료하는 의사에 불과하다. 호흡기환자들의 애환哀歡과 아픔을 이해하고 그들에게 새로운 미래未來를 마련해야 하는 것은 국가의 책무責務가 아니겠는가?

대한민국 최고의 학부를 졸업하고 지성과 친절을 겸비한 총괄실장

19년의 세월을 함께해 준 이원희 실장과 이미영 실장

[제6장]

책을 마무리하며 환자에게 하고픈 마지막 이야기
명의는 한 가지를 더 생각하는 의사이다

책을 마무리하며 환자에게 하고픈 마지막 이야기

명의는 한 가지를 더 생각하는 의사이다

독자들은 명의에 대한 생각이 어떠한가?

서울대학교 의과대학을 졸업하면 명의가 될 수 있는가? 의과대학의 서열이 명의를 결정할 수 있다면 서울대학교 의과대학 졸업생 모두는 명의가 될 것이고 미국의 하버드 의대 졸업생은 더 위대한 명의가 될 수 있을 것이다.

명의는 대학교 입시 성적이 좋은 것과 아무런 관련성이 없다.

명의를 말하지 않더라도, 보통의 의사는 대입성적과는 무관하다. 대입성적은 말 그대로 대학교에 입학할 때의 성적일 뿐이다. 특히 현재와 같은 대학교 입시제도에서 수학의 성적이 압도적인 성과를 내는 상황은 의학의 문제와 연관성이 없다.

앞에서도 말했으나 의학은 자연과학영역이나 오히려 인문학에 매우 가깝다. 아픈 대상이 사람이기 때문이다. 물건이 고장 난 것이 아니고 사람이 아픈 것이다. 사람을 이해하고 환자의 아픔에 공감할 수 있어야 하는 능력은 학습되는 것이 아니다.

이러한 능력은 타고난다. 이것을 우리는 성품이라 부른다.

성품은 정량화될 수 없다. 그래서 어쩔 수 없이 성적을 두고 의대생을 선발한다. 두뇌가 우수한 사람이 성품이 뛰어나다고 할 수 없다. 우수한 두뇌는 의학의 발전에 중요한 요소이지만 환자를 치료할 때 우선시되지 않는다.

환자를 치료할 때 가장 중요한 자세는 '한 가지라도 더 생각하고 하나라도 더 노력하자'라는 태도이다.

67세 여자가 9개월 동안 호흡곤란과 기침, 가래를 증상으로 우리 병원을 찾아왔다. 이 환자는 집이 부산이다. 부산에서 동네의원 여러 곳을 다녔다. 2차 병원도 다녔다. 심지어 대학병원도 갔다.

병원의 한결같은 진단은 기관지 천식이었다. 숨이 차고 기침을 해서 오는 환자의 90%는 다른 병원에서 기관지 천식이라는 진단을 받고 치료를 받다가 온다.

도대체 무엇이 문제일까?

너무나 의아하고 황당해서 깊은 고민에 빠졌다.

두 달 이상 지속되는 기침으로 우리 병원에 오는 환자의 90%는 다른 병원에서 역류성 식도염이라는 진단을 받고 치료받다가 좋아지지 않아서 내원한다.

호흡곤란과 기침이 있는 환자는 거의 기관지 천식의 진단을 받고 치료받아도 좋아지지 않아서 온다.

깊은 고민 끝에 해답을 찾았다.

두 달 이상의 기침이나 숨이 차는 증상이 동반될 때 그 환자를 진료한 의사는 단순 흉부 사진 촬영 검사를 한다. 단순 흉부 사진 촬영은 2주 이상 기침이나 숨이 차는 기침이 동반될 때 해야 한다는 것을 모든 의사는 다 안다.

심지어 질병관리청과 보건복지부는 TV 뉴스 시간 황금광고 시간대에 '2주 이상의 기침은 반드시 흉부 사진 촬영을 하자'라는 캠페인까지 벌였다. 아직도 결핵의 발생이 흔한 우리나라에서 2주 이상 기침을 할 때 단순 흉부 사진 촬영을 해 보자는 취지의 홍보는 매우 훌륭하다.

문제는 단순 흉부 사진 촬영으로 알 수 있는 호흡기질환은 드물다는 것이다. 하물며 진행된 폐암의 경우에도 단순 흉부 사진은 정상으로 보일 수 있다.

코로나 19 바이러스의 경험도 기침이나 호흡곤란이 있을 때 흉부 사진을 촬영해 봐야 한다는 인식이 의사뿐 아니라 국민들에게도 생겼다. 과거에는 환자에게 단순 흉부 사진 촬영을 하자고 했을 때 거부하는 환자가 꽤 있었다. 최근에는 단순 흉부 사진 촬영을 권고했을 때 싫다고 하는 환자는 극히 드물다.

67세 여자 환자도 부산의 여러 병원에서 단순 흉부 사진 촬영을 했다고 했다. 폐의 기능 검사도 했다고 했다.

환자를 보고 나서 매우 심각한 상태임을 단번에 알 수가 있었다. 환자의 호흡음을 들을 때, 기도Trachea부터 그렁거리는 협착 소리Stridor를 들을 수가 있었기 때문이다. 기도에서 휘파람 소리보다 낮은 주파수의 영역대인 협착음이 들린다는 것은 환자의 상태가 매우 심각하다는 것을 알 수 있는 단서를 제공해 준다.

이런 경우는 단순 흉부 사진이 정상으로 보여도 무조건 기관지 내시경 검사를 해야 한다. 대기도의 종양이나 이물질이나 상부기도의 폐쇄가 있다는 것을 뜻하기 때문이다. 단순 흉부 사진은 역시 정상이다.

우리 병원은 단순 흉부 사진의 판독을 두 명의 전문의가 한다. 판독의 정확성을 높이기 위해서이다.

사진을 판독하는 한 명의 전문의는 호흡기내과 전문의인 나다. 또 다른 한 명의 전문의는 영상의학과 전문의가 판독한다.

내가 판독하는 것은 비용이 들어가지 않지만 영상의학과 전문의가 판독하는 것은 판독 비용이 들어간다. 호흡기내과 전문의인 나는 수백만 번의 단순 흉부 사진을 봤기에 전문가 중의 전문가이다.

하지만 인간은 누구나 실수를 할 수 있다. 판독의 정확성을 높이기 위해 이중 안전장치로 호흡기내과 전문의와 영상의학과 전문의가 판독을 하는 것이다.

환상의 조합이다. 호흡기내과 전문의는 환자를 보고 환자의 현재 증상을 알고서 판독을 한다. 영상의학과 전문의는 환자의 정보를 모르고 사진만 보고 사진 자체만 판독한다. 장단점이 있다. 호흡기내과 전문의는 환자를 진료하고 사진을 판독하므로 질환에 대한 의심을 갖고 판독을 한다. 영상의학과 전문의는 사진을 객체로 보고 판독한다.

즉 호흡기내과는 주관적 관점을 갖고 사진을 보고, 영상의학과 전문의는 객관적 자료만 보고 판독을 한다. 이러한 주관적, 객관적 관점이 조합을 이루니 환상의 조합인 것이다. 단순 흉부 사진은 정상이니 이 환자에게 기존 다른 병원처럼 천식 치료를 하면 될까?

'명의는 한 가지를 더 생각해 보자는 생각을 갖고 있어야 명의'라고 했다.

단순 흉부 사진이 정상이어도 두 가지 더 검사를 해야 한다. 흉부 CT 검사와 기관지 내시경 검사를 해야 한다. 흉부 CT 검사가 정상으로 나와도 기관지 내시경 검사를 해야 한다.

그게 명의다. 명의는 환자에게 발생할 수 있는 다양한 경우의 수를 모두 알고 있고 숨어 있는 질환을 정확하게 진단하기 위한 검사 방법을 알아야 하며, 자신이 직접 그 검사를 할 수 있는 능력이 있을 때, 명의라고 할 수 있다.

흉부 CT검사 결과, 환자의 기도Trachea 주위를 빙 둘러싸고 있는 종양이 있다. 종양이 기도 주위에서 자라면서 기도를 압박하니 환자의 기도가 좁아져서 '그르렁'거리는 소리가 들린 것이다.

기도의 주변에서만 자라고 있는 상태가 아니었다. 병이 진행되어 기도 안으로 종양이 침범, 기도 내부까지 종양이 번지고 있는 상황이었다. 환자의 상태는 매우 시급한 상태이다. 수술 치료도 불가능한 상황이다.

빨리 기관지 내시경 검사를 해서 종양에 대해 조직검사를 하고 기도를 막고 있는 종양의 일부를 떼어 내서 숨통을 터 줘야 한다. 조직검사를 신속하게 해야 종양의 정확한 원인을 알고 그에 맞는 항암제 치료나 방사선 치료를 선택할 수 있다.

이 환자가 조금만 늦게 우리 병원에 왔다면 생명을 잃었을 것이다. 아주 심한 고통 속에 몸부림치다가 죽었을 것이다. 우리 병원에 와도 내가 한 가지만 더 생각해 보자는 평소의 신념이 없이, 천식 약만 주었다면 결과는 같았을 것이다.

명의라는 말조차 필요 없다. 의사의 당연한 의무이다.

명의는 의사가 해야 할 당연한 의무를 소홀히 하지 않는 것이 진정한 명의일 것이다. 이러한 자세는 비단 의사에게만 해당하는 일은 아닐 것이다. 진리는 멀리 있는 것이 아니다. 진정한 진리는 바로 우리 곁에서 우리가 마음을 조금만 먹으면 할 수 있는 것이다.

거창한 것이 아니다. 환자를 생각하는 마음을 한 번만 더 생각해 보면 그 환자의 삶이 바뀔 수 있는 것 아닌가? 지금까지 많은 환자가 나를 만났고 오늘도 호흡기 중환자를 진료했으며, 내일의 나도 같은 일을 하고 있을 것이다.

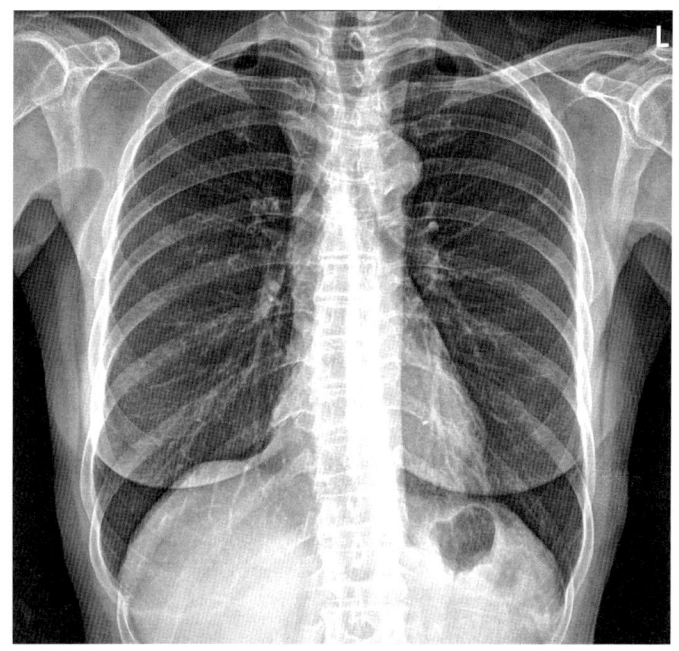

67세 여자 환자의 단순 흉부 사진: 이상소견이 없는 정상소견

2024-06-07

REPORT

고운숨결내과

Name	
ID	107566
Age, Sex	067Y　　F
Birth date	

Chest PA:

No active lesion.
Heart is not enlarged.
No evidence of pleural thickening.

Conclusion. Normal chest.

영상의학과 전문의

영상의학과 전문의 공식 판독 결과문서: 정상이라고 명시됨

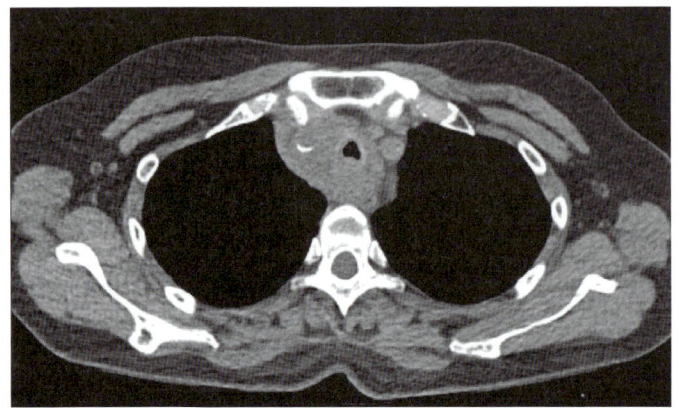

기도Trachea 주위를 둘러싸고 있는 종양으로 좁아진 기도

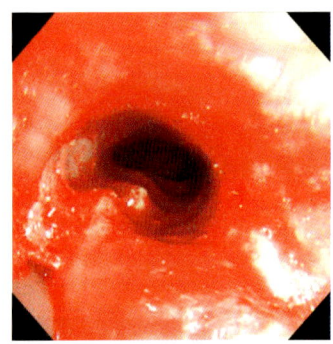

기관지 내시경 소견:
기도 안의 종양침범

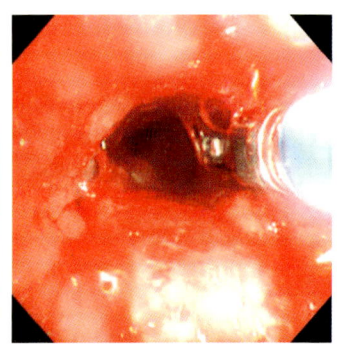

기관지 내시경 검사:
조직검사 하는 사진

〖 에필로그 〗

가장 치열熾烈하게 살아왔다고 생각했던 2018년 어떤 날의 기억記憶을 떠올리며.

2018년 4월 27일.
『'숨' 쉴 때마다 네가 '필요해'』라는 책을 출간出刊하였다. 일반 독자들과 환자들의 많은 관심 속에서 이 책은 출간한 지 1주 만에 의료계醫療界 건강 수필 분야 1위를 기록했다. 환자들과 독자들로부터 편지를 많이 받았다.

진료실診療室에서 만난 많은 환자에게 격려激勵와 응원應援을 받았다. 해외에 거주하는 교민으로부터 장문의 감사 편지를 받기도 했다. 6년이라는 시간이 흐르는 동안 많은 일이 있었다.

가장 큰 변화는 2019년 말에 중국에서 시작된 코로나 19 바이러스의 발생이었다. 코로나19 바이러스는 2020년 1월 우리나라에도 첫 환자가 발생하였고 그 이후 세계로 무섭게 퍼지기 시작했다. 처음에는 많은 전문가도 6개월에서 1년이면 코로나바이러스의 팬데믹 Pandemic: 세계 유행은 종결될 줄 알았다. 하지만 코로나19 바이러스의 유행은 무려 4년 이상 지속되었다.

우리들의 건강健康뿐 아니라 경제적經濟的, 산업 구조적産業 構造的으로 엄청난 변화의 물결이 일었다. 이름도 생소한 재택근무가 불길처럼 번졌고 사람들이 모이는 것이 법적으로 제한되었다. 많은 의료계 종사자들의 고군분투가 있었다. 소중한 생명을 잃어버리는 안타까운 일들도 발생했다. 코로나 블루Corona blue라는 신종 우울증 환자도 생겼다.

호흡기내과 전문의의 내 삶에도 변화가 있었다. 기존의 호흡기환자는 코로나19 바이러스 감염으로 인한 호흡기 후유증으로 고통을 겪었으며 환자를 진료하고 치료할 때 우리 병원에서 근무하는 직원들의 감염 예방에도 많은 신경을 기울였다. 내가 아는 의사는 코로나19 바이러스에 감염되어 일주일 만에 사망했다. 두려움과 아픔과 번민煩悶의 시절이었다.

6년 전 나는 『'숨' 쉴 때마다 네가 '필요해'』 책의 '에필로그'에 이러한 글을 올리면서 그 책을 마무리했었다.

"이 또한 지나가리라"라는 말은 숨이 차서 고통을 받고 있는 사람들에게 어떠한 위로도 되지 않는다. 숨이 차는 고통은 찰나의 순간도 견디기 힘든 아픔이기 때문이다.

놀라운 일이 아니지 않을 수 없다. 6년 전에도 호흡기내과 전문의였던 나의 관점에서는 다양한 호흡기질환의 증상 중에서도 "숨 쉬는 것"의 문제인 "숨"이 차서 고통苦痛받고 있는 사람들의 아픔이 가장 큰 고통으로 생각된 것이다.

코로나19 바이러스의 대유행 이후 '고운숨결내과'로 오는 호흡기 중증 환자들이 많이 늘어났고 특히 2023년부터 중증 호흡기질환자의 방문 비율이 폭발적으로 늘어났다.

더욱이 2024년 2월, 정부의 의과대학 입학정원 2천 명 증원2025년도부터 급진적으로 의대생 입학정원 2천 명 증원: 5년 동안 1만 명 증원의 전격적인 발표 이후 시작된 전공의 사직과 교수들의 준법 진료와 사직으로 유발된 대학병원의 진료 축소와 응급실 진료 위축의 현상은 호흡기질환 중환자들의 발걸음을 '고운숨결내과'로 향하게 만든 일대 변혁의 사건이 되었다.

오전 8시가 진료 시작이었으나 환자들은 오전 6시부터 병원에 와서 기다렸다. 하루하루가 전쟁이었다.

『나는 호흡기내과 전문의 진성림입니다』라는 이 책의 탄생誕生이 시작된 시점이기도 하다. 그동안 내가 진료하고 치료했던 환자의 고통과 안타까운 이야기들은 지나간 이야기일 뿐이다.

필수의료는 무너졌고, 중환자는 늘어났다. 필수의료의 붕괴를 막아야 할 정부는 잘못된 진단을 내렸고, 잘못된 진단의 고집으로 잘못된 처방을 남발하기 시작했다.

난세亂世에 영웅英雄이 탄생한다 했으나 그 어디에도 영웅은 보이지 않았다. 답답해졌다. 다시 글을 쓰게 된 이유이다.

호흡기내과 전문의로서 살아온 지난 30년은 혹독酷毒하면서도 눈이 부시도록 찬란燦爛했다. 진료하는 날은 전쟁 같은 하루였고 불안함과 두려움이 나를 휘감았지만 동시에 행복한 날이었다.

환자의 고통苦痛을 보면서 아파했던 나는 환자의 회생回生을 바라보면서 행복했다.

상반相反되는 감정感情과 감성의 교차로交叉路.

감성은感性 감정感情과 다르다. 감성은 어떤 자극이나 자극의 변화를 느끼는 성질이고 이성理性과 대응되는 개념으로 외부의 대상을 오관五官으로 감각하고 자각하여 표상을 형성하는 인간의 인식능력을 말한다.

반면에 감정은 어떤 현상이나 일에 대하여 일어나는 마음이나 느끼는 기분을 말한다. 나는 호흡기질환자의 고통과 아픔을 몸으로 감각하고 자각하여 나만의 표상을 형성한 나의 인식능력을 통해 삶을 바라보게 되었고 의사의 일을 하면서 맞닥트리는 치료의 성공과 실패를 보며 애가 닳았다.

새벽에 눈을 뜨자마자 시작되는 압박감壓迫感. 하루 진료를 마치고 엄습掩襲하는 육체적 피로肉體的 疲勞와 번아웃 증상.

이 길의 끝은 어디일까?

두 손 모아서 간절懇切함을 담아 기도하는 나의 마음은 진리眞理를 구하기 위한 수도자의 자세가 아니다. 나는 30년 동안 의사로 만났던 많은 환자의 평안함과 가족들의 행복을 바란다.

더 큰 바람은 나의 마음의 평안平安과 육체적 피로의 해소解消이다. 대한민국의 필수의료가 다시 재정비되어 환자들이 안심하고 건강할 수 있는 우리나라가 되기를 바란다.

이제 나의 시간은 얼마 남지 않았다. 앞으로 내가 필수의료의 중요한 일을 담당할 수 있는 시간이 얼마나 남아 있을까?

새로운 미래의 주역主役인 젊은 의사들이 자부심自負心과 사명使命과 존경심尊敬心을 받을 수 있는 의료 환경에서 일할 수 있는 사회가 되기를 바란다.

『나는 호흡기내과 전문의 진성림입니다』라는 제목의 이 책을 쓸 수 있도록 내게 영감靈感을 주고 용기勇氣를 준 환자들에게 마음과 정성을 다해 감사의 말을 전하고 싶다.

언제나 내 곁에서 함께해 준 사랑하는 어머니와 가족들, 지금은 하늘나라에서 편히 계실 아버지의 영전에 호흡기내과 의사로서 살아온 나의 역작을 떨리는 마음으로 헌정한다.

모든 지킬 만한 것 중에 더욱 네 마음을 지키라 생명의 근원이 이에서 남이니라. Above all else, guard your heart, for everything you do flows from it.

- 잠언 4장 23절

고운숨결내과 2024년 4월의 어느 날 직원들과 즐거운 대화